大丈夫やで

～ばあちゃん助産師《せんせい》のお産と育児のはなし～

この本で伝えたいこと

私がお産にかかわるようになって、六十六年がたちます。

開業した当初、「妊婦健診」という習慣はありませんでした。だから「この集落は○曜日、この集落は○曜日」というように、だいたいの日程を組んで、私のほうから妊婦さんを訪ねていたんです。田んぼや畑に出て働いている妊婦さんに声をかけて、近くの農家の軒先を借りて健診。そのころ、赤ちゃんを授かること、おなかではぐくむこと、出産することは、特別なことではなく、自然の営みの中で当たり前にしていた時代でした。

もちろん、お産する場所は病院ではなく自宅です。妊婦さんが産気づくと、だんなさんが自転車で産婆《さんば》さんを呼びに行きます。お舅さんは産湯のための湯を沸かし、お姑さんは、上の子どもたちと一緒になって妊婦さんを励ます役。赤ちゃんが無事に産声を上げると、家族中が沸き立ち、喜び合います。食べ物がなく、芋やカボチャの入った薄いお粥を食べていた時代ですが、赤ちゃんが誕生したときだけは、真っ白な銀しゃりをふるまったものです。赤ちゃんの誕生を家族みんなで力を合わせて乗り越え、赤ちゃんの存在で家族のきずなが深まったのです。

戦後、アメリカの指導で病院での分娩が始まりました。近代的な分娩室、お姑さんに気兼ねなく産後を過ごせる入院生活など、当時の女性たちにとって「病院で赤ちゃんを産む」ということは、憧れでもありましたから、たちまち病院でのお産が主流になりました。目覚ましい勢いで医療が進み、いまは、妊娠七カ月で早産した赤ちゃんでも助かるような時代です。六十六年前であれば、それはとても不可能なことでした。「赤ちゃんを産む」ということは、いまの日本ではほとんど心配ないと言ってもいいんじゃないでしょうか。

けれど、子育てに関してはどうでしょう。虐待のニュースが後を絶たず、引きこもり、ニート、いじめなど、子育てをめぐる不安は、大きくなる一方に思えます。長くお産の現場に携わってきた私には、子育ての不安が社会問題になることと、お産に医療が介入してきたことが、つながっている気がしてなりません。

いま、若い女性の間で、医療の介入しない自然分娩や、自宅での分娩を希望する声が増えています。私の小さな助産所にも、一人目は病院で産んだけれど、次は助産所で産みたいとか、お友だちが助産所で出産した話を聞いて、ぜひ自分もと、たくさんの妊婦さんが健診にやってきます。

また、リスクがあり、助産所で産むことはできないけれど、産褥期間を助産所で過ごしたいという「産褥入院」を希望される産婦さんもいます。お乳が張ってどうしようもないと駆け込んでくる赤ちゃん連れのお母さん、赤ちゃんが泣いて泣いて泣き止まなくて、困り果てたお母さん。ここで出産した、しないにかかわらず、どなたにでも対応します。私は、お産を待つのが仕事ですから、三百六十五日夜勤のようなもの。二十四時間いつでも来てくれて構わないんです。

子育てで緊張したお母さんも、ここで私と話しているうち、肩の力が抜けて、ほっぺがピンク色になって、元気になって帰ります。ああ、この仕事をしていてよかった、またこれからも頑張ろうと思うのは、そんなときです。

助産所は、正常な分娩のお手伝いをする場所です。赤ちゃんには、自分で生まれる力があります。私は、お母さんが「産む」お手伝いをしている意識は、実はあまりありません。赤ちゃんが「生まれる」のを助ける気持ちで、この仕事を続けています。若い女性の間で、助産所が見直されてきているのは、医学が主役のお産から、赤ちゃん主体の自然なお産をしたいというように、意識が変わりはじめたからではないかと思うんです。

助産所で産んでも、病院で産んでも、お産をするのはお母さん。赤ちゃんが「生まれたい」という気持ちをしっかり受け止めて「よし、赤ちゃんのために、私が頑張って産んでやろう」とお腹をくくってください。そうすれば大丈夫、どこで産んだって、必ずいいお産ができます。お産で大切なのは、あれこれ先回りして思い悩むことではなく、「来たものを受け止める」という決意です。

これは、子育てでもおんなじ。お産も子育ても、頭で考えてもうまいことといきません。起こったことを自然に受け止める力が必要なんです。親の仕事って、自分が主体となって「産む、育てる」ではないんです。赤ちゃん主体で「生まれる、育つ」のを丸ごと受け取め、助けていくことじゃないでしょうか。張り詰めた心をやわらげて、ほんわかした気持ちになって欲しい。

お産は、昔から女性が当たり前にしてきたこと。食べて、寝て、排泄する、その延長です。出産や子育てを難しく考えて、緊張しているお母さんたちに、こう本で伝えられたら、こんなにうれしいことはありません。

「もっと気楽にすればええんやで」

坂本フジヱ

もくじ

ばあちゃん先生にちにちの様子

～食べる、寝る、産む。出産は日々の暮らしの中にある～

和歌山県田辺市。弁慶のふるさと、熊野古道への入り口としても知られるこの田辺市の、海が見渡せる小高い丘の上に助産所はあります。

三百六十五日二十四時間、お産と向き合い続けて六十六年。二十四時間体制と聞くと、「ばあちゃん先生は息つく暇もないのかしら?」と張り詰めた空気を想像されるかもしれませんが、決してそうではありません。暮らしはお産とともにあり、お産は暮らしの中にある。ここに来ると「お産は決して特別なことではない」そう感じてもらえるのでは?「子どもを授かる、育てる」ことは、「食べたり、寝たり、排泄したり」と同じ。「頭で考えることじゃない。本能ですること」そう私は思っています。

ここで少し助産所での、にちにちの暮らしぶりを紹介しましょう。

海が見える住宅地の一角に助産所はあります。

思春期相談、家族計画指導など、お産以外の相談にも応じる。学校で性教育をしたりも。体は大きくても「ばあちゃん先生には頭が上がらん」って子が多い。昔の産婆の役割がそうだったように、さしずめ地域のよろず相談役といったところ。

坂本助産所の外観。黄色い象のマークの看板は、お孫さんのアイデアでつけたもの。「象さんのおうち、行こう」とせがまれたと聞くと、うれしい。右の家は「まなび舎」。健康教育や子育てサークル活動の場として活用している。

「私が達者なのは、お米のおかげかもしれんねぇ」昔はお茶碗4杯。今でも1、2杯はしっかり。入院患者には16穀米、でも自分だけだと押し麦だけ混ぜるのが好き。「和歌山では番茶で炊いた茶粥もよう食べる。熱々の茶粥を冷ご飯にかけて食べたりね」

朝起きたら、歯を磨く。歯は全部自前。「イライラせんと心のバランスを保つと体が自浄作用働かせるんよ」前の晩に洗濯機にかけておいた洗濯物を干して、ご飯を作って、2年前から介護しているだんな様に朝食を出してから、いよいよ自分の番。

NHKの連続テレビ小説を見るのが日課。朝は8時、昼は12時45分からの15分間は、テレビにかじりついて見る。この間だけはテコでも動かない。「ゲゲゲの女房。あれよかったなあ。もう終わってしもたけど」

ご飯のおともは、めざしの小さいのと梅干、そして日替わりでおかずを少々。梅干は、太陽と塩で味つけをした、息子さんの梅農園で穫れたもの。「自家製の梅干は減塩タイプやから、ちょっとだけおしょうゆを垂らして食べると、おいしいの」

ばあちゃん先生　にちにちの様子

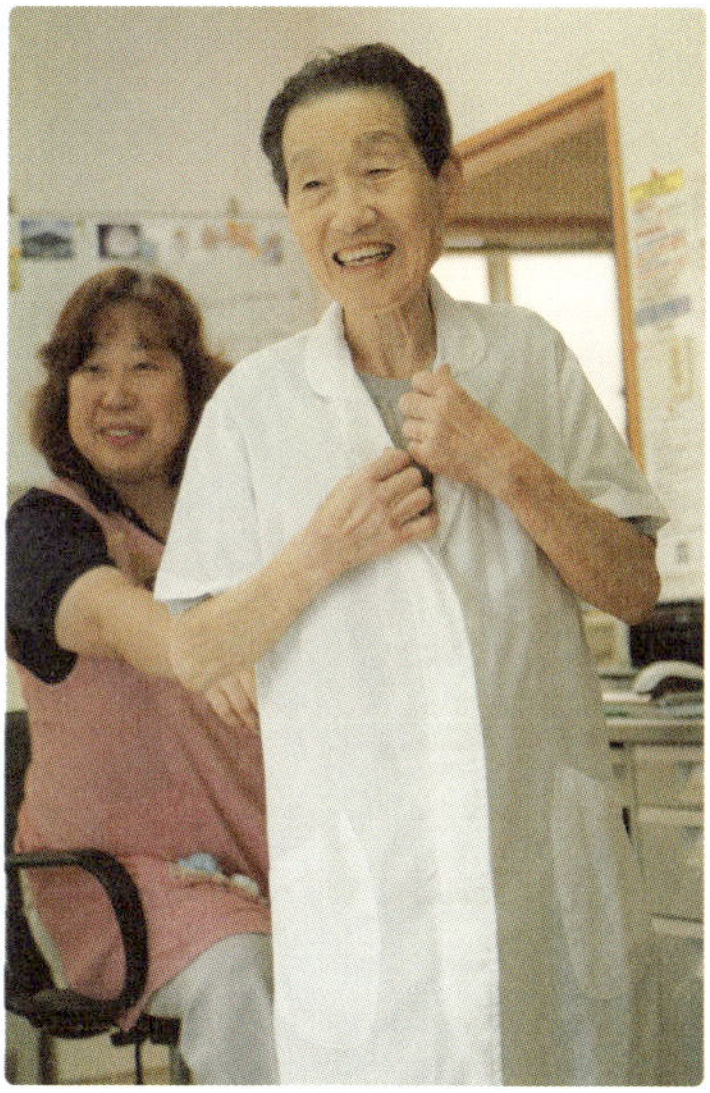

普段は私服が多いけど、お産の時は白衣を着る。後ろは、同じく助産師の神谷和世先生。自身で助産院を構えつつも、週何回か助けにきてくれる頼もしい存在。妊婦健診の他、パソコンで書類を整えたりと、運営面でも支えてくれるよきパートナー。

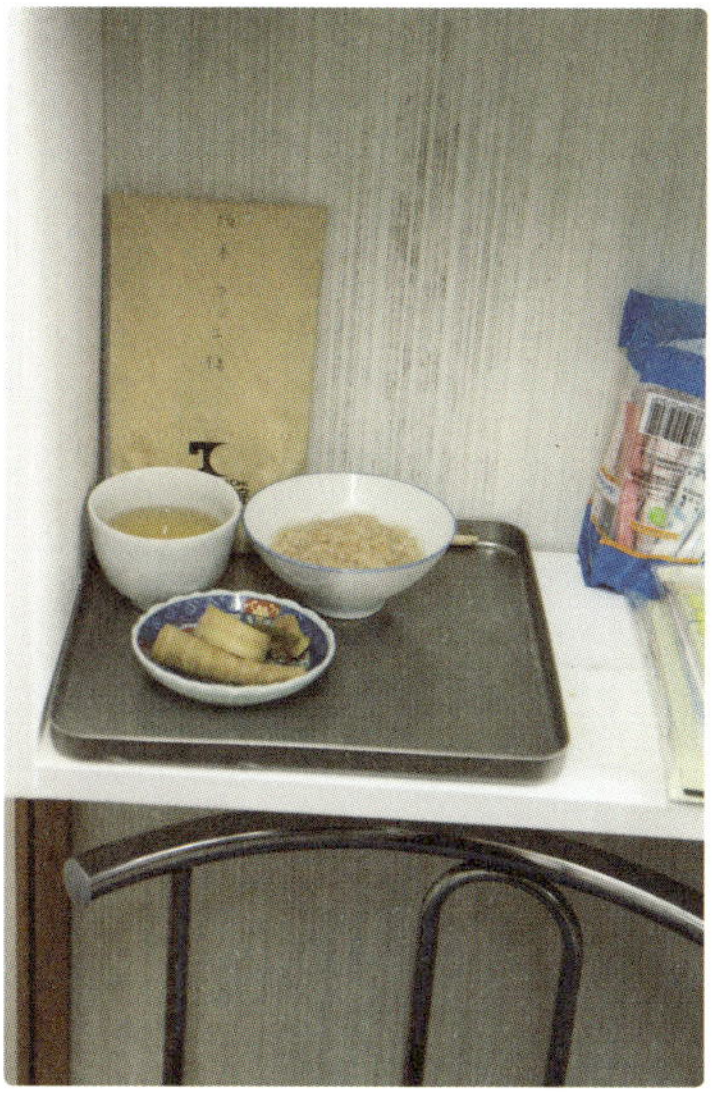

台所のご先祖様コーナー。「この封筒にね、母をはじめ、ご先祖様の戒名がみんな入ってるの。今私がここに生きて在るんはご先祖様のおかげ。ご先祖様に手ぇ合わせると心が落ち着くんや。立派な神棚より、いつも一緒にいられる台所がええの」

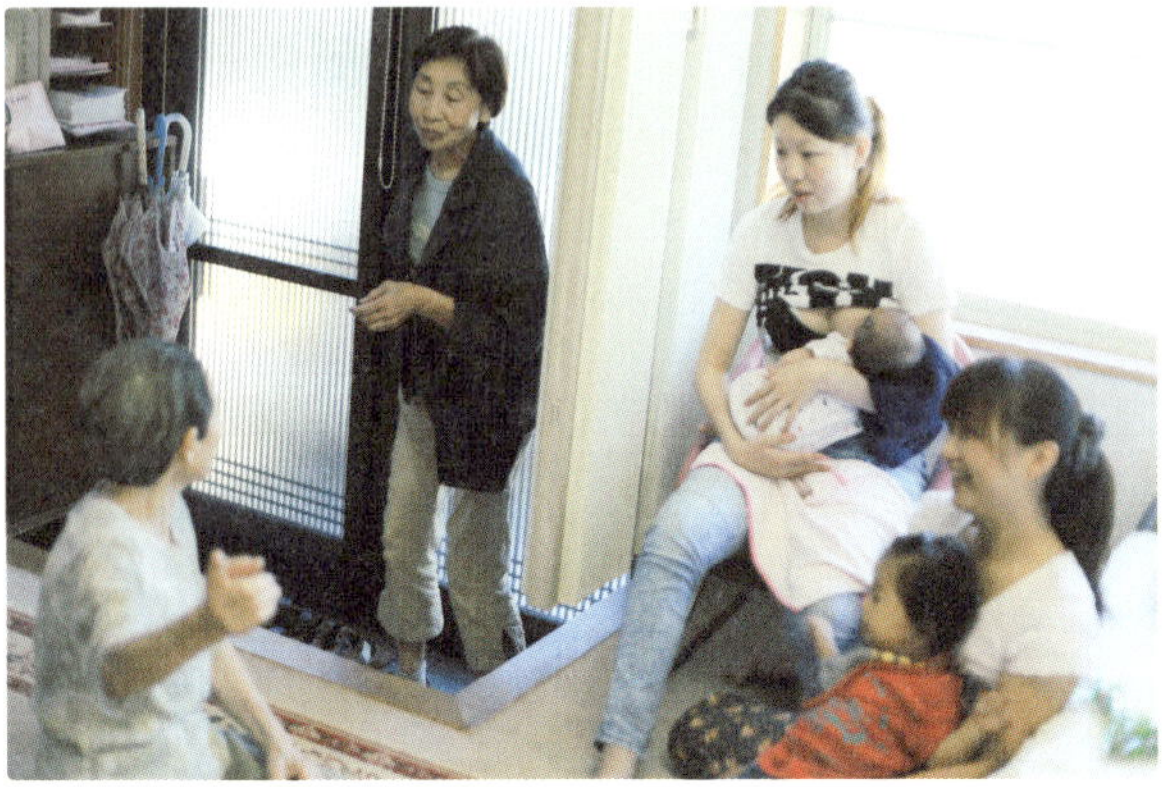

午前中から助産所内は大賑わい。お食事担当の田村トシ子さん（左）。おっぱいの痛みで来所したお母さんは、マッサージ後ほっとして授乳。

「先生これ借りてたやつ」「これよかったら食べて」助産所には、ひっきりなしに誰かがやってくる。何かしら理由をつけてやってくる。

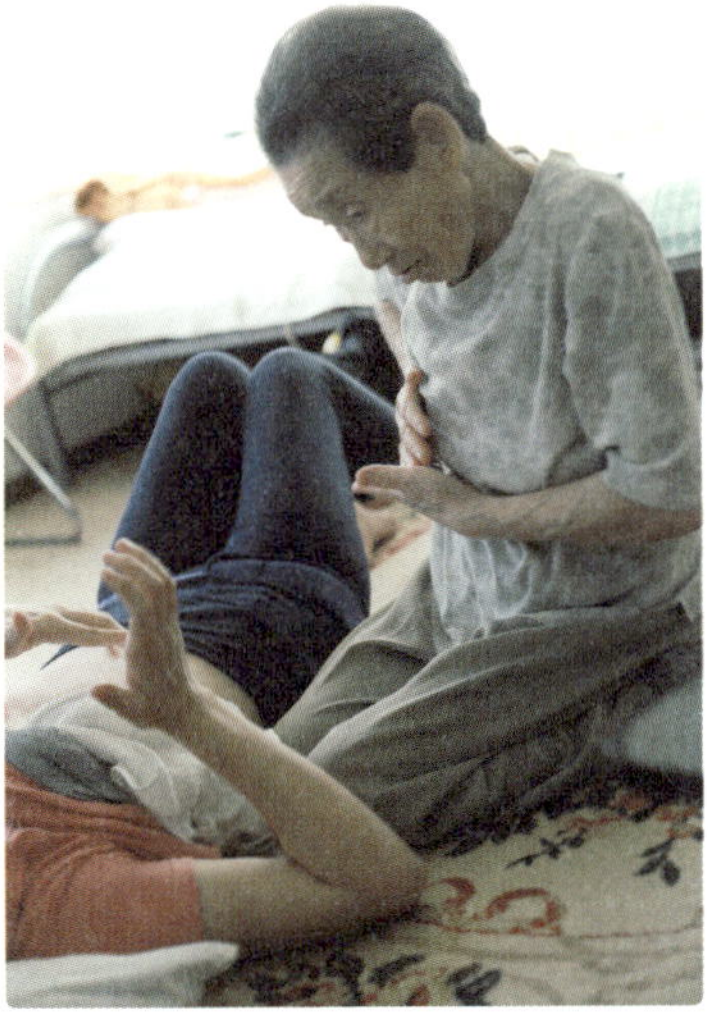

マッサージをした後、自分でケアする方法を指導。「他に何か聞きたいことある？」生活状況を詳しく聞き、その人に合う助言を惜しまない。「だけど、『いまこの人に言うても無駄や』と思う時は何も言わん。『いまなら心を開いて聞き入れてくれるな』というときしか言わんの」

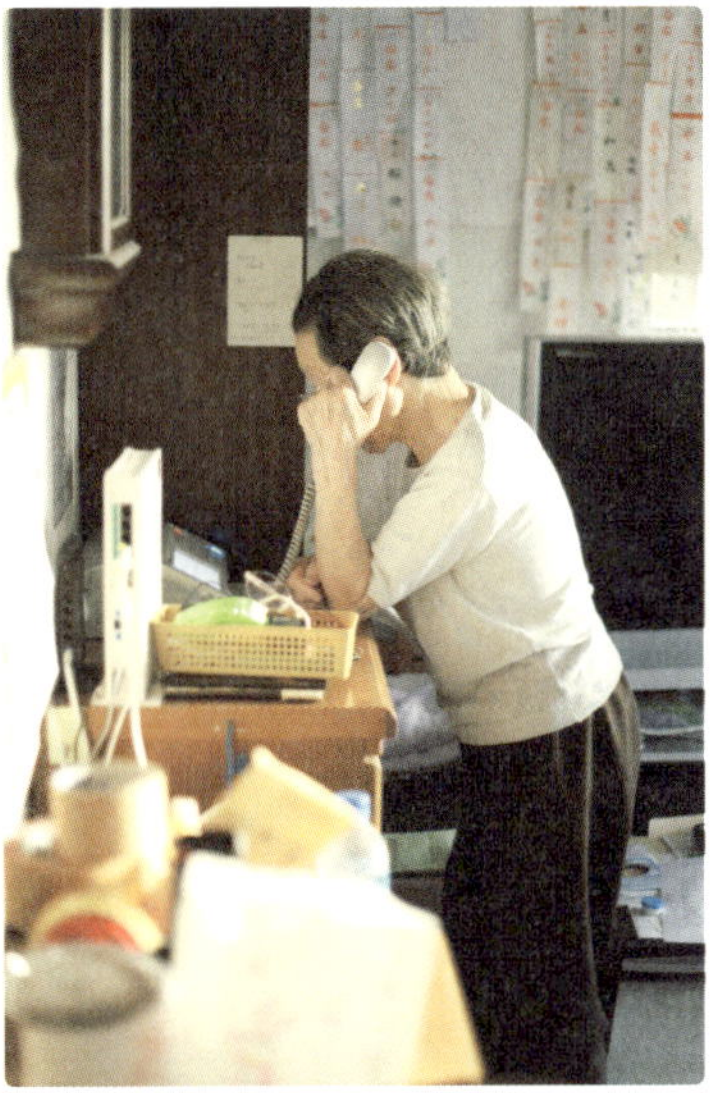

電話もよく鳴る。外出前にはお産の近い患者さんのカルテをチェック。様子を聞きがてら電話して「ちょっと出かけますが、○時ごろに帰りますよ」と言ってから出かける。今日は母乳が詰まってカチカチに、とSOSの電話。「いますぐおいで。マッサージしてあげるから」

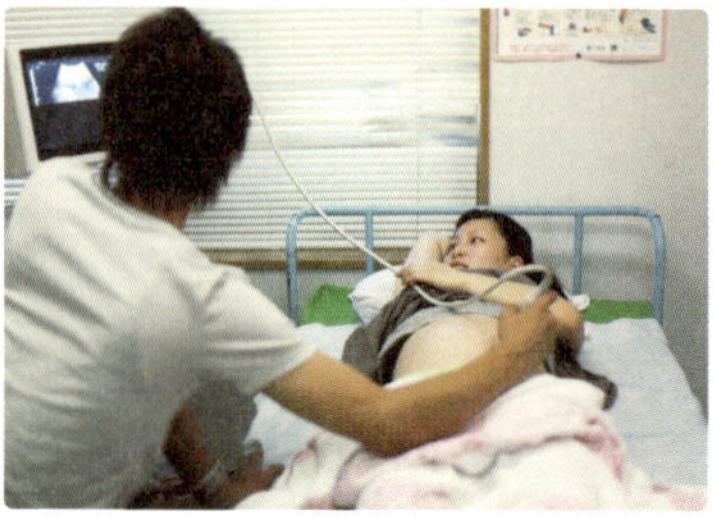

お父さんにはエコー画面もしっかり見てもらう。「男は何にもすることがないってよく言うけどそんなことない。このあたりは車社会というのもあって、だんなさんが付き添ってくることが多い。自然に出産までの流れがわかるからええこっちゃ」

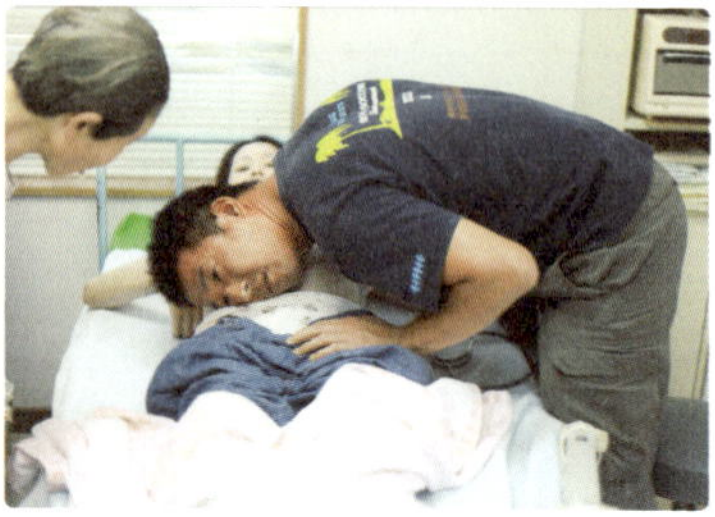

お父さんにも心音を聞いてもらう。昔、ドップラーもなく、一人で赤ちゃんを取り上げていたころ、産婦さんのおなかに耳を当て、心音を確認しながらやっていた。消防署での講習のときふとそれを思い出し、最近ではまたそうするように。

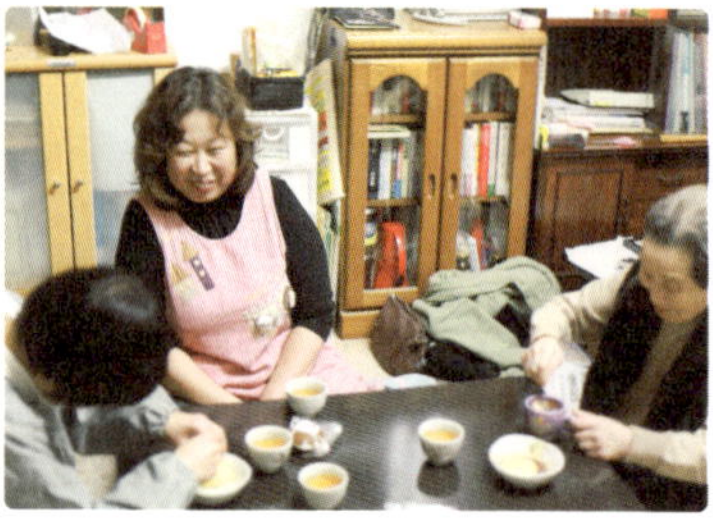

夜中のお産が終わり、お母さんと赤ちゃんが入院部屋で落ち着いたころ、かかわった助産師3人でお茶タイム。深夜2時にこの盛り上がりよう！　でもこういう時間は大事。互いにねぎらい合うという意味でも、気持ちの切り替えという意味でも。

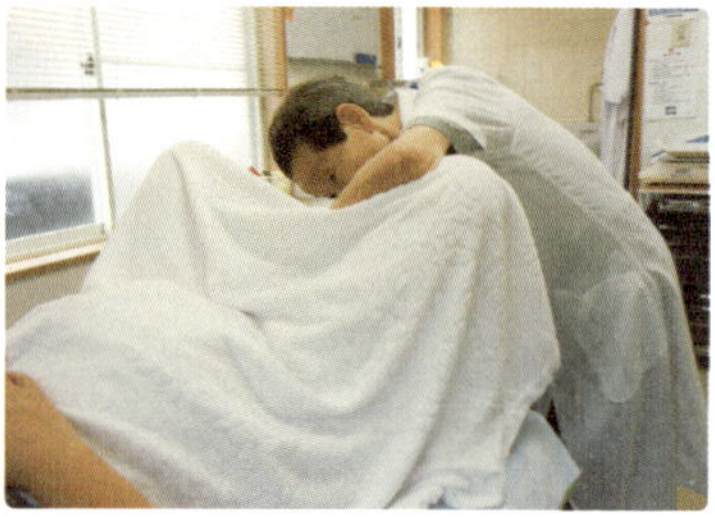

臨月の妊婦さんの診察。「あ、ここに頭あるね。もういつ出てきてもおかしないな。でも焦ることない。赤ちゃんはおなかの中にいたいからいるんやから。出てきたいと思ったらそのうち出てくるやろ。お産はお母さんのもんやない。赤ちゃんのもんや」

ばあちゃん先生　にちにちの様子

新聞は朝日新聞と紀伊民報を愛読。どのページもまんべんなく読み、世の中の流れを知る。そして満潮・干潮欄は欠かさずチェック。満潮の時間を知り、その日のだいたいの予測を立てる。

お産のあった次の日。目を覚まして部屋から出てきたお母さんの「実はまだ子どもの名前考えていないんです」の言葉に、「ほな、画数見てみよか」これはずーっと昔から愛用している本。

ちょっと時間があき、うたたね。この部屋は、待ち合い室、健診室、食堂、居間、いろんな役割をしている。この場所に助産所を構えてからずっと、寝起きもこの部屋で。

2011年２月18日16時45分、河野依子さん(33才)入院。
23時56分、第3子瑞希《みずき》君が生まれる。2932g、妊娠38週3日

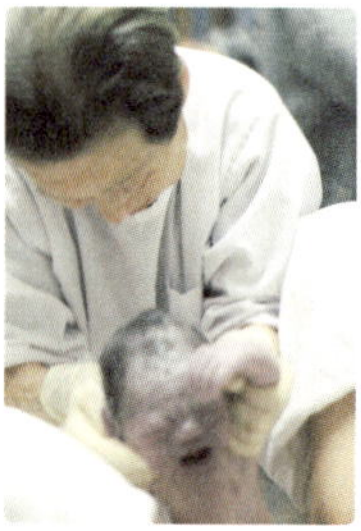

23時33分。子宮口全開。赤ちゃんの送る陣痛の波に合わせ自然にいきむ。23時56分、無事赤ちゃん誕生。

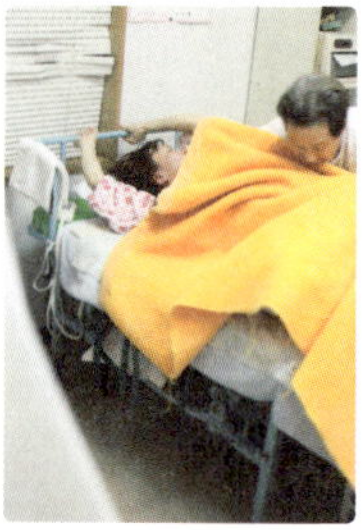

23時28分、陣痛が本格的に。陣痛が来ると「よっしゃ！」と赤ちゃんに返事をするように強くマッサージ。

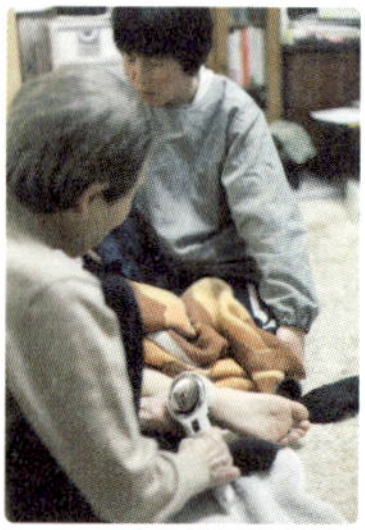

「テルミー」という温熱療法の器具。お灸のような効果でツボをあたため、陣痛を促進するスグレモノ。

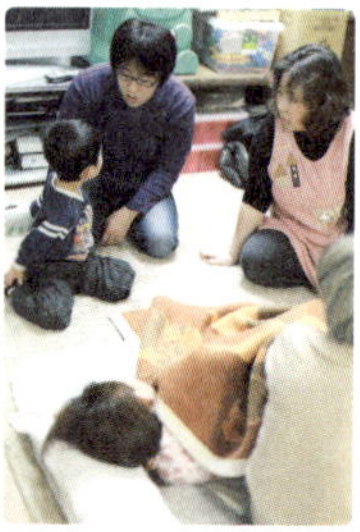

だんなさん、４才の維月《いつき》君とやってきた依子さん。居間の布団で待機。お腹が張った感触で陣痛間隔を知る。

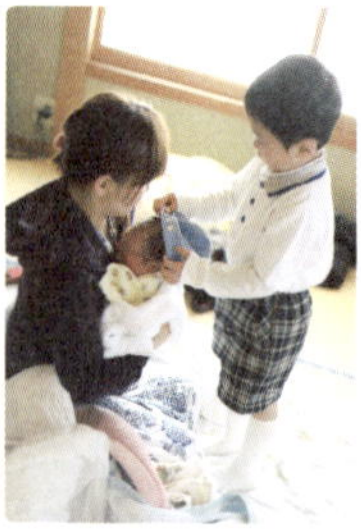

翌朝。維月君が発表会用の制服でやってきて初対面。さらにお兄ちゃんらしく見える。「寒いから帽子かぶろうな」

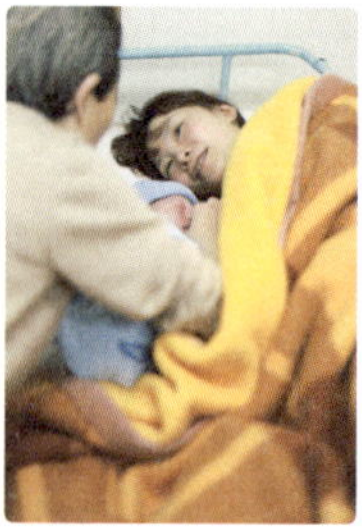

お産直後の依子さんの隣に座り、じっくりとしっかりとねぎらう。この時間がお母さんにとってとても大事な時間。

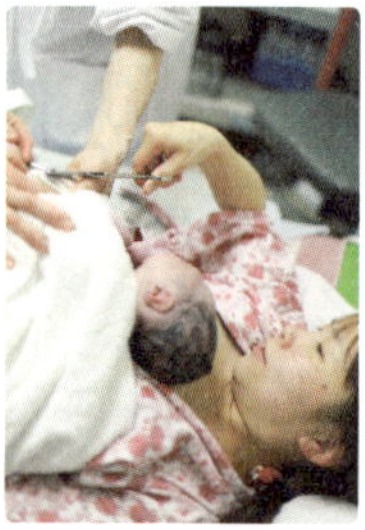

だんなさんは翌日の維月君の幼稚園発表会に備え帰宅していたので、依子さん自らがへその緒を切る。

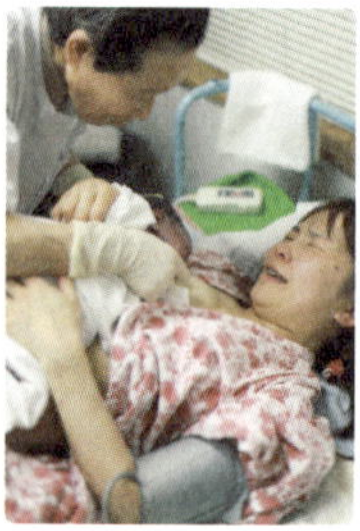

胸元に連れてこられた赤ちゃんが依子さんと初対面。おっぱいを吸わせたら上手に吸う。「上手に飲むなあ」

［2011年２月20日2時35分、西芙美代さん（33才）入院。
11時47分、第2子和香《のどか》ちゃんが生まれる。3236g、妊娠40週1日］

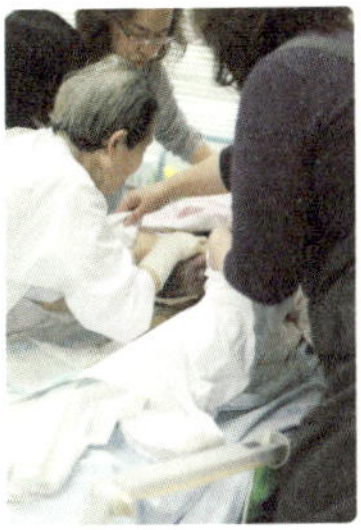

11時31分。子宮口が9㎝に。号令はかけずに赤ちゃんのペースにゆだねる。そして「頭、出てきたで！」

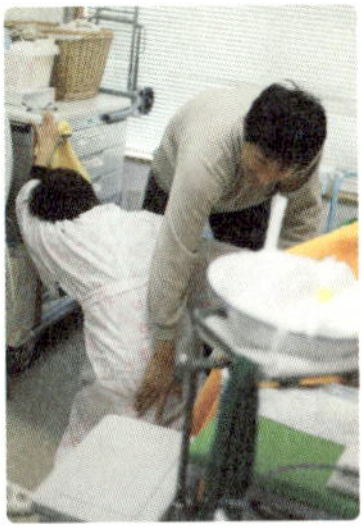

8時過ぎ。痛い。どの姿勢をとっても痛い。神谷先生の提案で、このあと風呂場へ。30分くらい腰湯し、あたたまる。

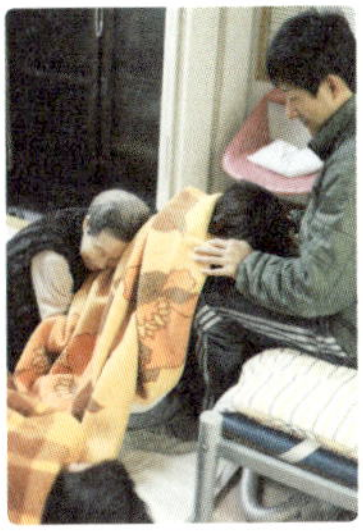

椅子に座っただんなさんの膝に顔をあずけた芙美代さんの腰をさする。「まるで『おおきなかぶ』や」

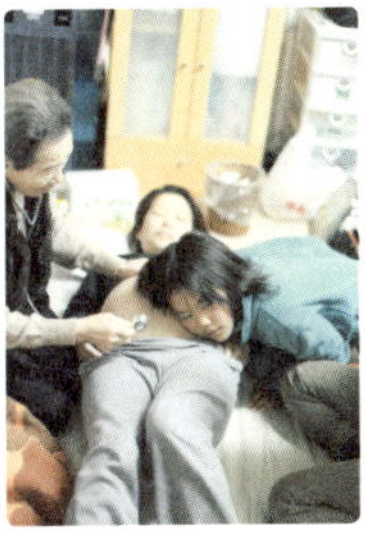

だんなさん、双子の妹・希美代さん（助産師）、小1の優羽《ゆう》ちゃんと夜半にやってきた芙美代さん。心音を確認。

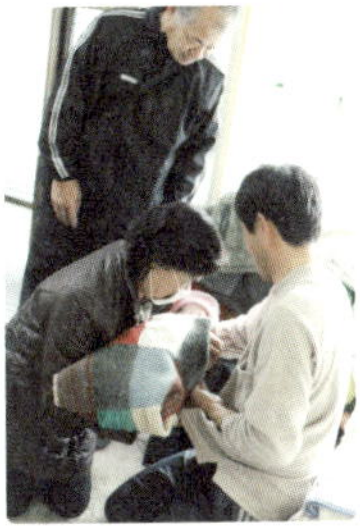

おじいちゃん、おばあちゃんともご対面。「ああ、無事生まれてよかったなあ」「お父さんもごくろうさん」

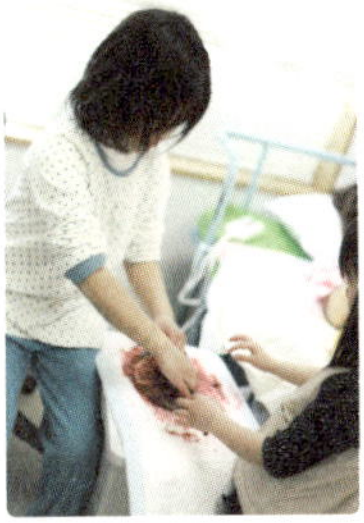

子どもたちに胎盤のことを教える。「胎盤は赤ちゃんの大きさに比例するんや。これが命を支えてるんやで」

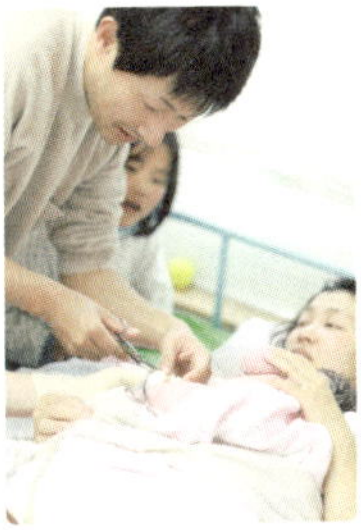

家族みんなが沸き立つ中、だんなさんがへその緒を切る。「お産てすごいやろ。赤ちゃんを信じとったら大丈夫なんや」

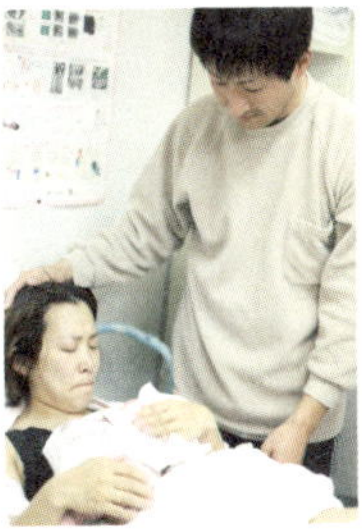

感極まる芙美代さんと赤ちゃんを見守りつつ「よう頑張ったなあ」とねぎらいの言葉をかけるだんなさん。

いつお産があるかがわからないので遠出はできないけれど、ときどきは地元の海や山へドライブに行く。今日は田辺の景勝地、天神崎へ。「人は満潮のときに生まれて、干潮のときに亡くなる。人は海から生まれてくるんやねえ」毎日満潮の時間を調べてから寝るのが習慣。「満潮の時間にお産になること、多いんよ」
人はみな「生きて逝く」この世で唯一100%と言えるのは、生まれたものは死ぬということ。自然の中を歩いていると、そんなことをあらためて思う。

ばあちゃん先生　にちにちの様子

「本はよく読みますよ。他の先生が書いた育児書も読むし、小説も読みます。渡辺淳一の『花埋み』は、女に学問はいらないという風潮が残る明治初期、医学の道を志した女性を描いた長編小説。世の中にはいっぱい素晴らしい人がおるなあ」

経験が大事。そして自分の直感を信じることも大事。でも他の助産師さん、お医者さんの意見も確認した上で、自分の意見というものを持つようにしている。ぜひお母さんたちにも読んで欲しいので、本棚は共有スペースに置いてある。

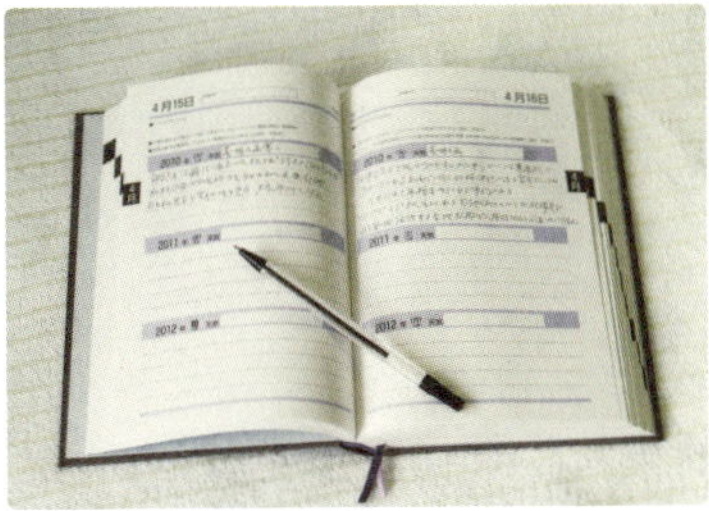

日記は何十年もの間、毎日欠かさず書いている。これは3年日記。その日にあったできごとをその日のうちに書き留めておく。「ほんとにメモ書き程度。あったことを書くだけ。備忘録というのかな？　これやると記録にもなるし、頭の中が整理できるから」

田辺市主催のパパママクラス、小学校での命の出前講座、高校での思春期講座、地域が主催する講演会。行く前は必ず言いたいことをチラシの裏に書いて、たくさんある言いたいことの中でどれを言うかをまとめてから出かける。

午前中と午後、最低2回は「入院さん」の食材の買い出し。魚がおいしい近所のスーパーでたいていのものが揃う。この品はこのお店でと決めているものもあり、その場合はそのつど個人商店に立ち寄る。

産後、4日間は助産所に入院してもらうことにしている。その間、どう子どもと向き合うかでその後が大きく変わってくる。朝昼晩、暮らしを共にしながら赤ちゃんとの接し方を徹底的に教え込んでいく。

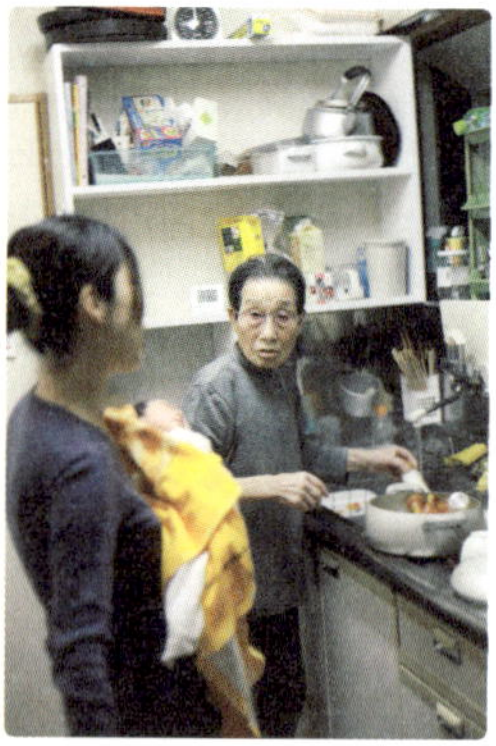

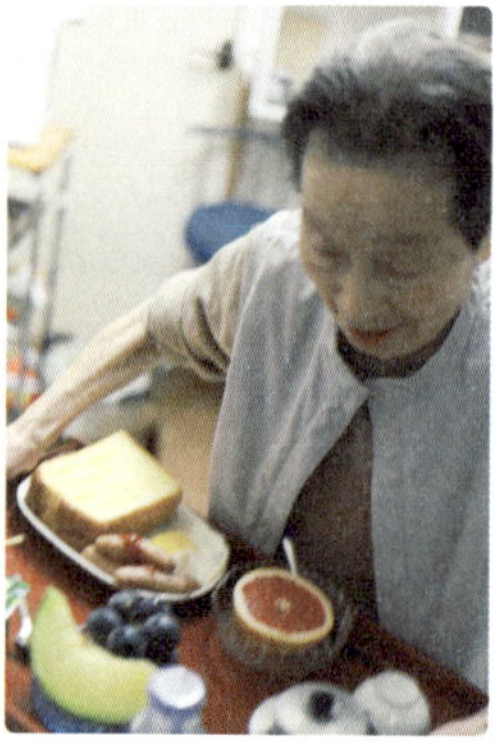

手際よく食事の準備をし、部屋へ。複数の入院さんがいることもあるけど、どんなときもてきぱきと。「6月は出産が本当に多いんよ。これは私の経験上確実に言えること。そして7月にぱたっとやむ」

ばあちゃん先生　にちにちの様子

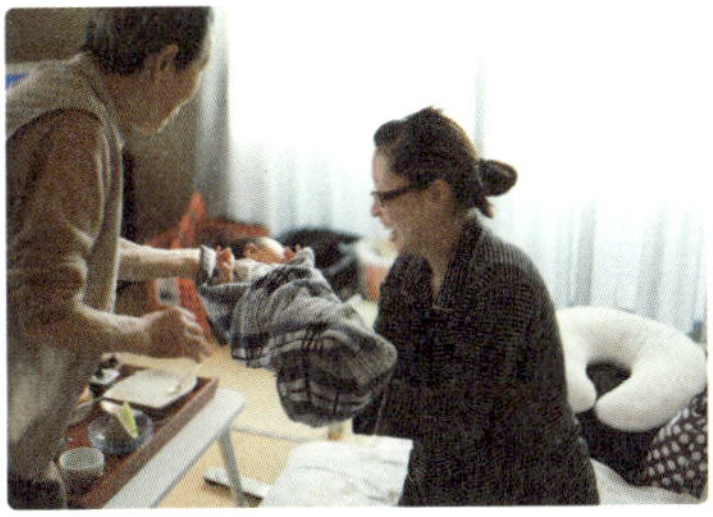

ご飯を食べ終わったころを見計らって「どうや」とまた部屋を訪ねる。「おいしかった」「そうか、赤ちゃんの様子はどんな感じかな」入院さんからは「まるで身内の家で寝泊まりしてるみたいに居心地がいい」と言われる。

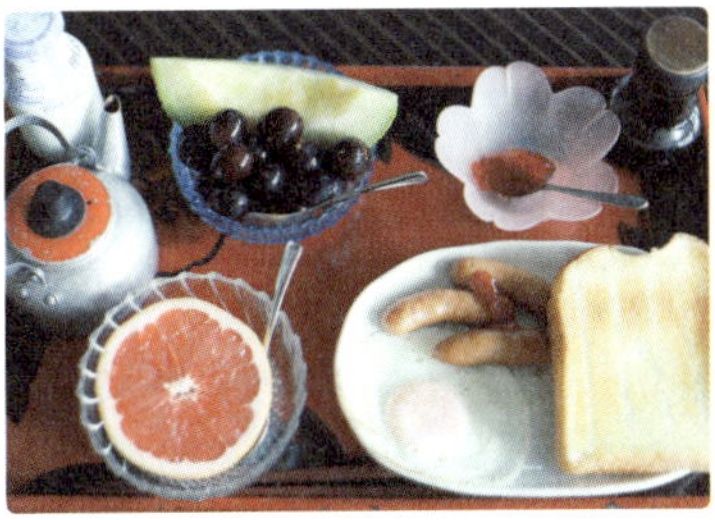

入院さんの朝ご飯はこんな感じ。母乳がたっぷり出るように栄養たっぷりの食事。ボリュームもたっぷり。「みんなペロッと平らげるよ。何カ月もお腹にいたもんが出たんやもん。すっきりするんやろね。みんな元気でスタスタ歩いてる」

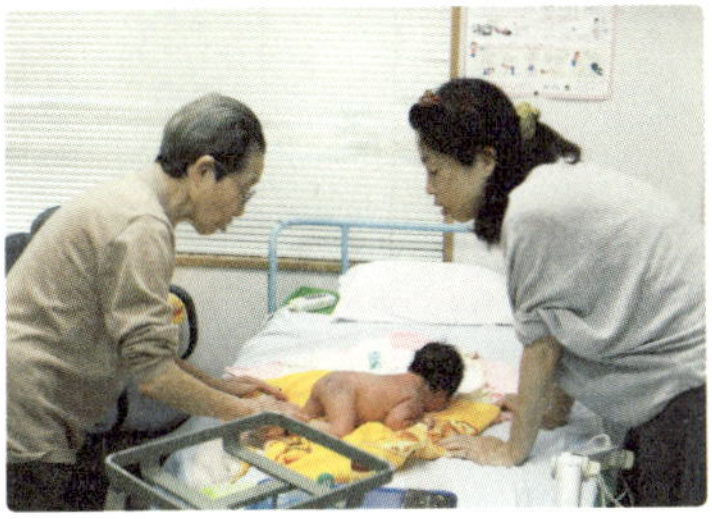

沐浴の後は、体重を測ってからじっくり体を観察。新米ママに、赤ちゃんとの接し方を徹底的に教えていく。「へえ、そこまでしてええんや」「なるほど、そこはそっとするんや」力を入れるところ、抜くところ、その加減を体感していく。

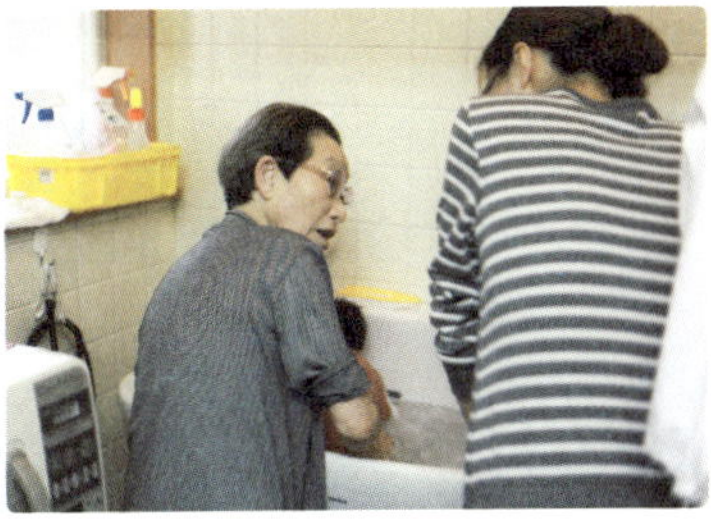

分娩室に設置された沐浴台を使って指導。「最初に私がやるから見ててや。こうやってタオルを巻き付けてゆっくりと。耳に水入らんようにだけ気ぃつけてな。落としたらどないしよとか、最初はビクビクするけど、そのうち肩の力も抜けてくるやろ」

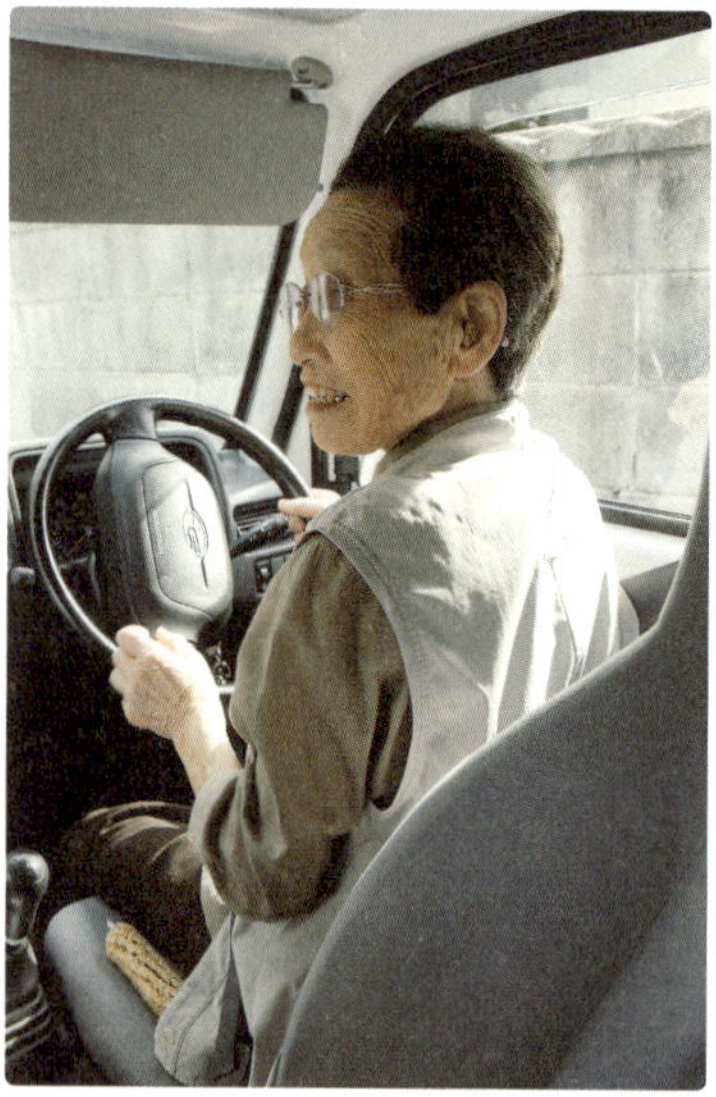

免許は昭和41年に取得。「丙午《ひのえうま》にみな一斉にお産控えをしたもんやから暇になって。そんなら免許でもと、って」歩きや自転車、スクーターで出かけていたのがそれを機に車に。「一度だけ谷底に転落して冷や汗かいた。でも不思議と無傷やったんよ」

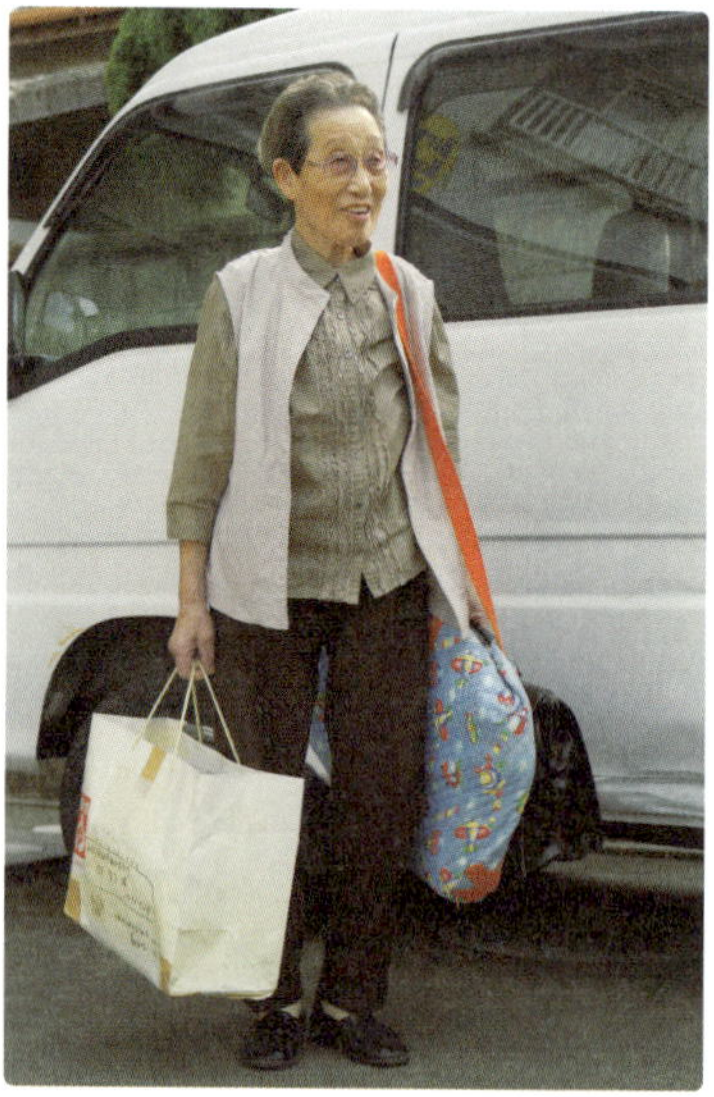

産後15日目の家庭訪問へ。往診用の機器が入った黒カバンに体重計が入ったキルティングの肩掛けバッグ。その他たくさんの必需品が入った紙袋が往診七つ道具。それらを乗り馴れた軽自動車へ積み込んで、いざ出発。

ばあちゃん先生　にちにちの様子

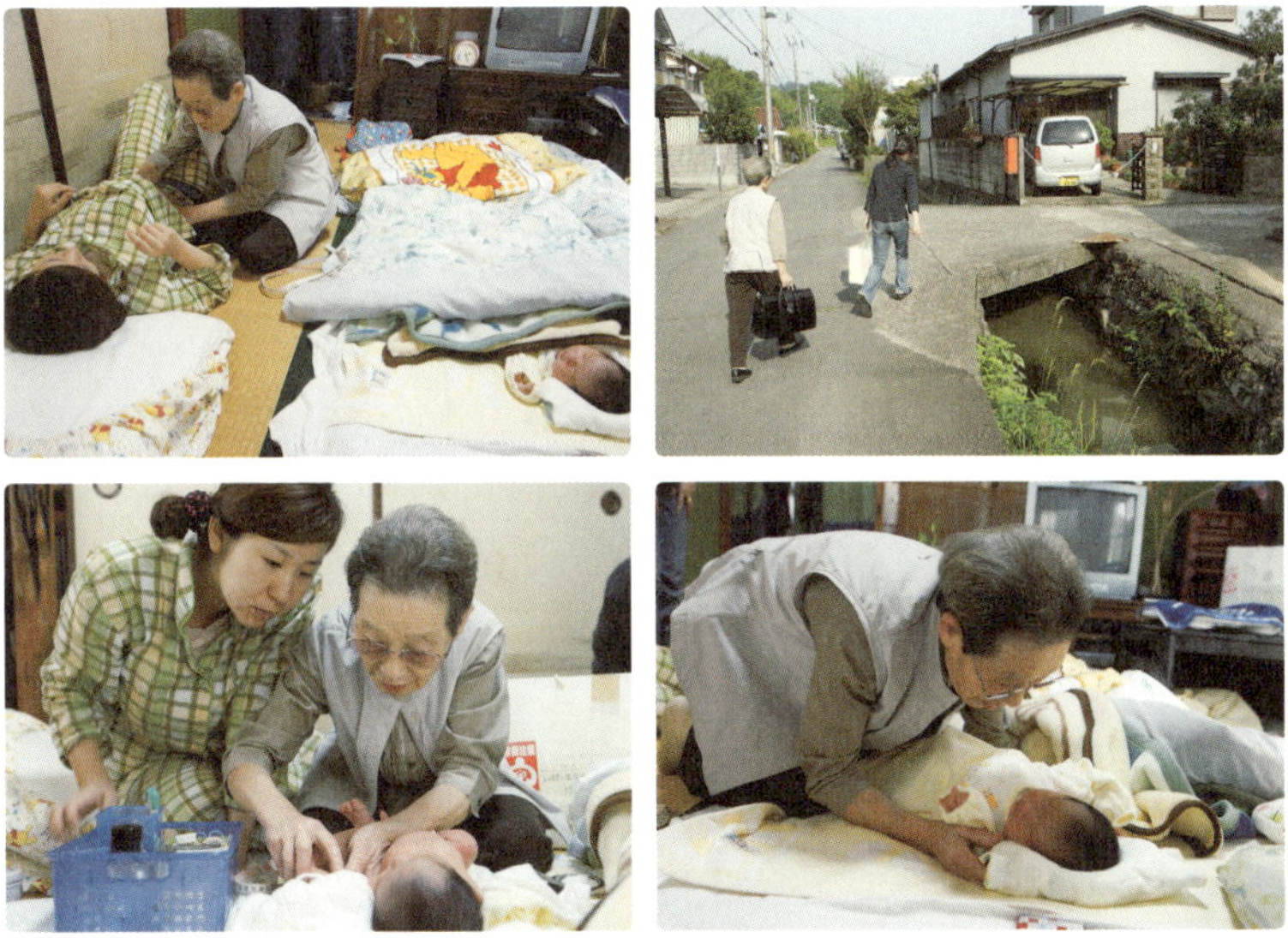

産後15日目の家庭訪問は必ず。「赤ちゃんのいつもいる環境を見て、その状況に応じた対処の仕方を教えるんや。子育てで肝心なのは産後5日目まで。その次が15日目まで。15日間どう子どもと向き合ったか、チェックするのが15日健診」

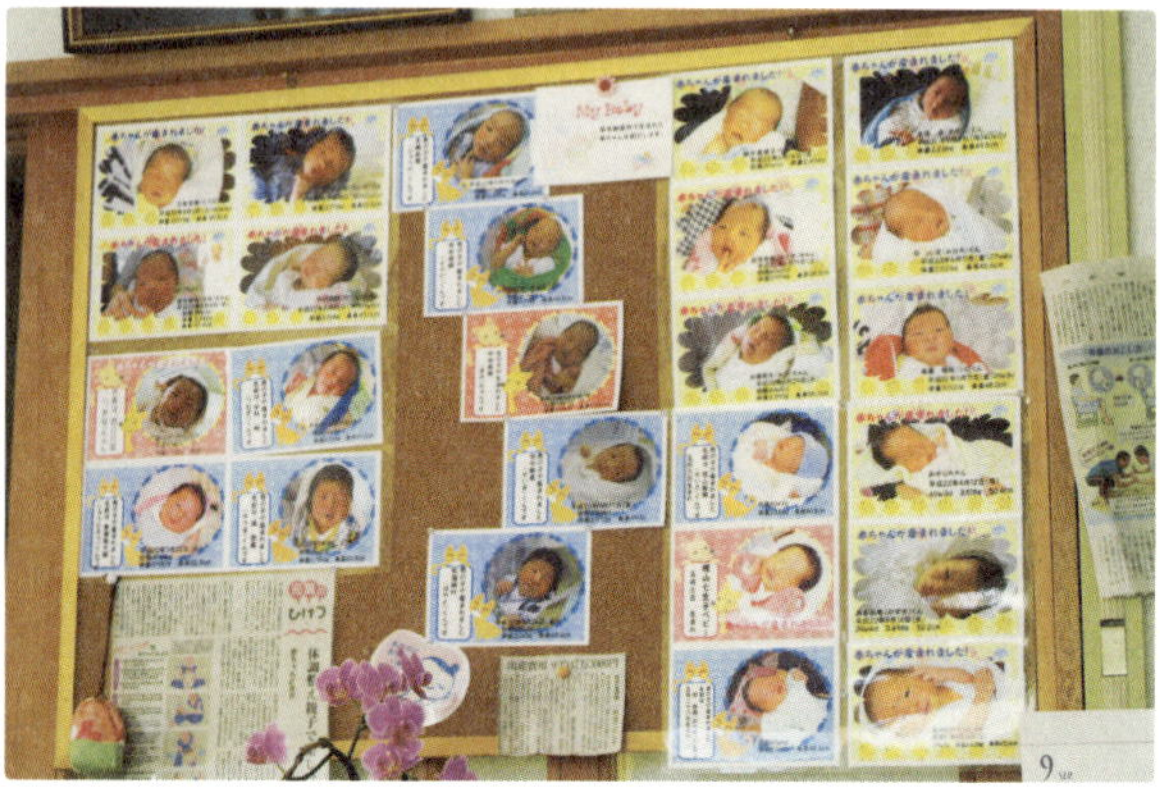

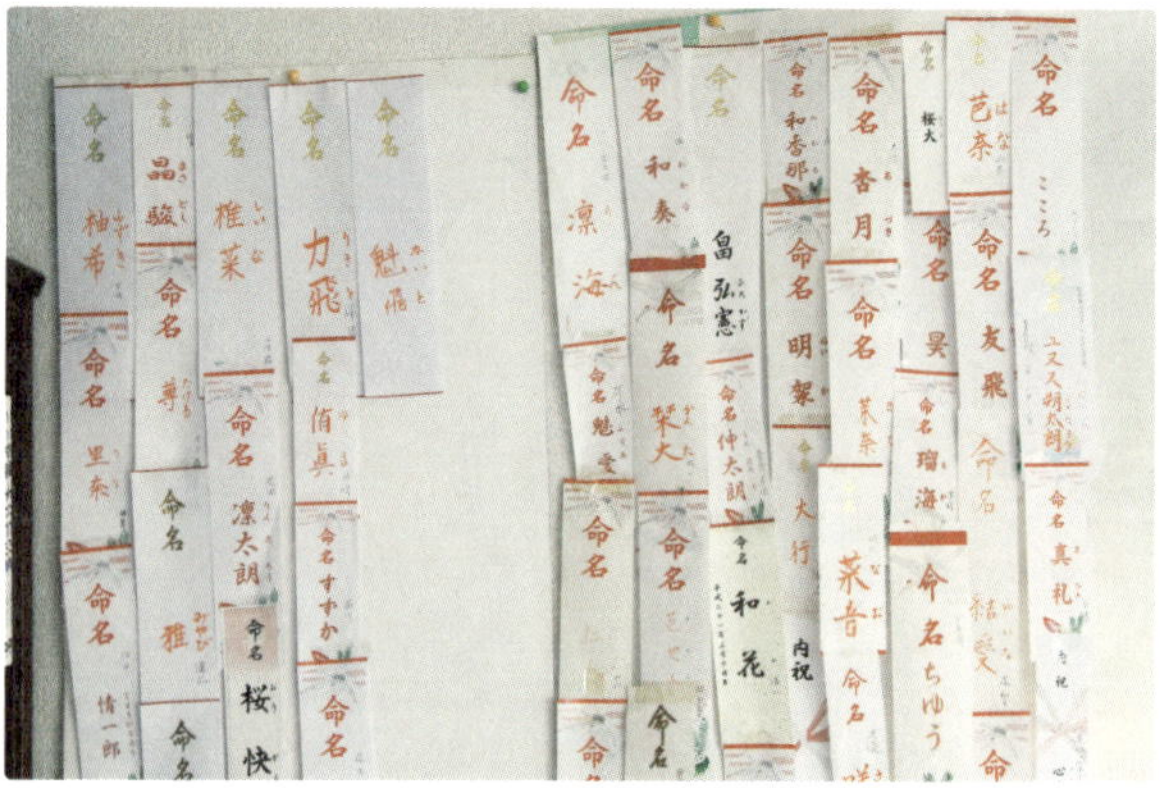

坂本助産所で生まれた赤ちゃんたちと、名付けを頼まれた赤ちゃんたちの命名札がずらり。「4000人近く取り上げたけど、出産に立ち会うといつでも感動するんよ。マンネリなんて感じたことない。お産は一つひとつみな違う。一つひとつに個性がある。頼ってきてくれる人がいる限り役に立ちたい。だから続けてるんよ」

第1章

妊娠とわかったら

【妊娠初期】

赤ちゃんは一週間に一億年の進化を
しながら、外の世界を感じてるんや。
「楽しそうな家やなぁ。生まれたいなぁ」
と思われる暮らしができるとええですね。

message

妊娠、出産。初めてづくし。
でも大丈夫、あんただけやない。
大昔からみんなが
やってきたことやから。

最近は、「妊娠検査薬で陽性でした」と言って、助産所を訪れる患者さんが多くなりました。何となく病院や助産所に足を向けることに抵抗があるんかな。私の助産所では予定日まで内診しません。怖がらず、もしも、と思ったら受診してみてください。初診時は、エコーで胎嚢《たいのう》を確認（妊娠四週後半から）。尿検査、体重、血圧、腹囲の測定、それだけです。誰もとって食ったりしないから、リラックスして。

さて妊娠とわかったら。初めてづくしで不安になるでしょう。でもしょうがない。その原因はホルモンにもあるんです。妊娠すると、卵胞ホルモンに代わって、子宮を守るための黄体ホルモンが分泌されます。体が丸く優しくなる卵胞ホルモンに対して、黄体ホルモンはギスギスした感情になりがち。だから気分が落ち込んだら「いま、ホルモンが悪さしてるな」って思っていればいい。「自分だけが苦しい」なんて思うことない。古今東西、みんなが通る道なんです。

message

妊娠がわかったその日が
子育て一日目。
新米ママの初仕事は
「楽しそうに暮らす」こと。

妊娠八週の赤ちゃんは、わずか十四㎜程度。そんなに小さいんだから、どうせ何にもわからないと思う人も多いでしょうね。でもそれは違います。赤ちゃんは、おなかの中からちゃあんと外の様子を感じています。受胎を知ったそのときから、子育ては始まっているんです。「この家は楽しそう！」そう感じることが、赤ちゃんにとっての成長エネルギー。逆に「この家に生まれても、もめごとばっかり」と思ったら、エネルギーも湧かないのでは。

妊娠したことを手放しで喜べる人もいれば、親になる不安、経済的な心配のある人も多いでしょう。うちに来る若い妊婦さんも、まだだんなさんと同居していない人、多いです。つわりがつらい人もいるでしょう。数え上げたら心配ばかり。

でも私はあえて言うの。「楽しそうにしていたら、だんだん楽しくなる。でも、困った顔していたら、いつまでたっても楽しくはならん」って。

message

胎児はただ寝てるだけやない。
週に一億年の長旅を
おなかの中でしてるんです。

卵子と精子が結合した瞬間の大きさは、絹針でつついたほど。受精して四十日後、やっと大豆の大きさになります。私は、高校生の思春期講座に呼ばれると、生命誕生の瞬間を知って欲しくて、絹針の印と大豆を張り付けた小さい紙を用意して、一人ひとりに配るんです。「この豆なんだろう」という顔だった生徒さんたちも、「人間の始まりは、こんなに小さいんやで。誕生したばかりの命って、やわいもんやなあ、大事にせないかんなぁ」と言うと、真剣に聞いてくれますよ。

人類が発生して、現在の姿になるまで、四十億年かかったといわれますね。妊娠週数は四十週。おなかの赤ちゃんは、四十億年の進化を、わずか四十週でなしとげるわけです。一週間に一億年、一日に千四百万年。それは、宇宙規模の進化です。壮大なエネルギーのいることでしょう。私には、壮絶な成長過程をたどる赤ちゃんの大変さが、お母さんにも伝わって、つわりになっているような気がしてならないのです。

message

つわりがつらくて
何も喉を通らない？
吐いてもいいから食べるの。

よく「つわりに効く薬はないんですか?」と聞かれますが、残念ながらないんです。この時期は、栄養面などは横に置いて、欲しいとき、食べられるものを食べること。食べたら吐くとわかっていてもとにかく食べる。おなかに吐く材料があれば血を吐かなくてすみますから。逆に、食べないと気持ち悪くなる人もいます。その場合は食べて結構。食べられないより、食べられるほうがいいんです。体重増加を制限しすぎたり、お母さんの「スリムでいたい」という気持ちが強すぎた結果、赤ちゃんが飢餓状態で栄養を取り込みすぎる体質になり、将来、糖尿病などのリスクが高くなることがわかってきました。私の助産所では「出産までに十~十五kgは体重を増やしてください」と指導しています。

つわりはつらい。そういうもん。そんなときは、背中の脊柱の左右を両手の親指でゆっくり指圧するとラクになる人もいます。だんなさんにビールを余分に出して「これでお願い」って指圧してもらうのもええね。

message

妊娠初期は「無茶をしない」

「風邪をひかない」「冷やさない」

え？　ありきたりな心構え？

あなどってたら痛い目にあうで。

この時期は胎盤が安定していないし、赤ちゃんも小さくて抵抗力がありません。だから「無茶をしない」「風邪をひかない」「冷やさない」。風邪を防ぐには、人ごみに近寄らず、どうしてもの場合は、マスクをするなどの予防策を。もちろん、うがい、手洗いも。「そんな当たり前のこと」と思うかもしれませんが、これをないがしろにすると、一つの命をあっけなく失ってしまうということを、自覚しないといけない。おなかがぺちゃんこで、赤ちゃんを実感できないからこそ、私はこんな当たり前のことを、口を酸っぱくして言うんです。

妊娠に気づく前に飲んだ薬の心配をする妊婦さんの相談をよく受けます。妊娠三週まで、薬の影響はまずありません。四〜十五週は、体の基礎を作る時期ですから、市販の薬はもちろん、ビタミン剤も医師への相談なしに飲まないこと。また、妊娠に気づいたらお酒はやめてください。お母さんの一杯のお酒で、赤ちゃんは何十万年も酔っ払ってしまいます。

「体を冷やさない」というのは、時代の先端を行っている若い人たちには、古臭く感じることかもしれんね。でも、薄着してお洒落している妊婦さんと、年寄りの言うことを聞いて厚着している妊婦さん、どちらが安産かといったら、これはもう断然、厚着の妊婦さんなんです。冷たいものを食べすぎて、体の中から冷やすのもよくないなぁ。

体を冷やすとなぜいけないか？　それは、血行を悪くしてしまうからです。人間の血管は、毛細血管まで全部つなげると、地球を二巻半する長さがあるんです。健康な人なら、全身の血管を血液が一周するのに、わずか二十三秒しかかかりません。体を冷やすと血の巡りが阻害されますから、体の悪いところがいっぱい出てきます。胎盤を通じて栄養をもらっている赤ちゃんにも、十分な血液を送ることができないんです。

足の内側のくるぶしのいちばん高いところをスタート地点にして手の指を揃えて置き、四本目の指が終わった場所に、「三陰交」というツボがあります（52頁参照）。女性特有の病気のすべては、ここを冷やすことによって起こるともいわれる「女性の健康の源」です。ここは、妊娠中はもちろんのこと、「これから生涯にわたって冷やしてはいけない場所」だと心得てください。だから、レッグウォーマーなどは、理にかなっているんやね。足が冷たいと、心が落ち着かん。バケツで足浴したり、足の裏のツボを刺激するのもいいでしょう。

手足が冷えてつらいときのために、簡単にできるリンパマッサージを覚えてください。手首からひじ、足首から膝の方に向かって、じっくり一方向にさするんです。何度かさすったら、ひじの内側、ひざの内側のツボを、親指でぐーっと押すと、より血行が良くなるでしょう。夫婦でお互いマッサージし合うと、スキンシップにもなってええね。

message

「できちゃった婚」？
おおいにけっこう。
妊娠しない女性が離縁された
時代を見てるからそう思う。

いまの若い人たちは、つき合っている相手がいるのに、経済のこと、住む場所のこと、社会情勢のことやらが原因で、いつまでも結婚に踏み切れないケースが多いですね。赤ちゃんができたことで、踏ん切りがつくんでしょう。妊娠したことをきっかけに結婚した夫婦を何組も知っていますが、みんなちゃんとやっていますよ。最近では、妊娠が先の夫婦のほうが、多いくらいです。かつては「嫁して三年、子なきは去る」といわれて、妊娠しない女性が離縁された時代もあったんです。それを思ったら「できちゃった婚」は、試験済みみたいなもので、合理的(笑)。

できちゃった婚の人にいちばんお願いしたいのは、「赤ちゃんを歓迎する環境を、できるだけ早く整えてください」ということ。

それと同時に、周囲の人たちにも、「授かった命を産む」という選択をした若い人らを、応援してあげて欲しいですね。

message

妊娠しても手放しで
喜べないとき、
自分の両親との関係に
思いを巡らせてみたらええ。

自分と両親との関係がしっくりしていない人、実はけっこういるんです。妊娠しても手放しで喜べない……そういう人の話をよくよく聞いてみると、親に対するややこしい気持ちが隠れている。

だけど、私の経験から、あえてはっきり言いましょう。

「親に対しての怨みつらみを日々たぎらせて暮らす人に、明日の繁栄はない」、これは絶対です。

「いいように生きたい」という気持ちは、誰にでもあるもの。親への怨みつらみから卒業して、あなたにできる親孝行をしてみてください。まずは、形だけ。ほんと、真似事でいいんです。形ができるようになれば、それがだんだん自然になって、心の習慣になっていくものです。難しいことかもしれんけど、怨みつらみを抱えているより、ずっとあなたの心を安定させてくれますよ。これから生まれてくる新しい命のためにも、怨みつらみの連鎖を断ち切ってください。

message

離婚後、再婚して
妊娠した女性へ。
別れたのは相手のせいと
思ってたら同じことくり返すで。

いまの時代、辛抱してずっと一緒にいろとは言いません。でも、「離婚したのは、相手が悪かったから」そう思っているなら、また同じことをくり返す可能性、高いねぇ。

うちの助産所にも、妊娠するたびに夫が違うという妊婦さんが来ます。そういう人に、私は言うの。「あんた、自分が変わらんかったら、前の婿さんよりいい人には、巡り合わんで」って。その妊婦さんにこの前会ったら「先生に言われたおかげで、どうにか一緒にいます」って。

育った環境が違う男女が暮らしてるんですから、夫婦で価値観が違うのは当たり前。お互いの言動を「むこうが間違ってる」「許せない」と根に持つんでなく、「まぁ、無理ないか」と許し合えたらいいですね。「この人がいてくれるから、私は救われてる」と思えて、相手を尊敬できたら、子育ては必ずうまくいきます。

message

妻の愚痴を共感して聞くことが、
だんなさんの仕事。
愚痴を聞くのに
一銭のお金もかからんでしょう（笑）。

おむつを替えたり、ミルクを飲ませたりが、父親としてのかかわりだととらえる風潮がありますが、私はそんなものではないと思います。だんなさんの役割のメインは、奥さんが安心して妊娠・子育て期に集中できるように、経済面で支えること。

もう一つの大きな役割は、奥さんの悩みに共感してあげること。妊娠中や産後の女性は、ホルモンバランスが大きく変化しますから、どうしてもうつ的な心理状態になりがちです。愚痴を言いたいことも、たくさん出てきます。奥さんはだんなさんに、大学の先生のような回答は求めてません。ただ「ふんふん、そうか、そうか、それは大変」と、話を聞いて、共感してもらいたいんです。それで奥さんは、すっーと落ち着くんです。

愚痴を聞いたり共感するのに、一銭もかからないでしょう(笑)。だんなさんは、心して聞いてあげて欲しいと思います。

message

人間の武器は言葉。
心を言葉で表現することを
若いうちからトレーニング
しといてください。

若い人たちが相談に来ると、「夫婦仲ようせな、あかんで」と助言するんですが、さて自分はどうかといえば、六十年一緒にいても難しいねぇ(笑)。夫は今、下肢と言葉に障害があり、二年前から在宅介護しています。結婚前、無口だけれど背が高くて、頼もしいなぁと思ったものですが、身長百八十二㎝の夫を百四十五㎝の私が介護するのは、容易じゃない。「いままで家族を支えてくれてありがとう。これからは、ゆっくりしてくださいよ」……とは、なかなか思えない(笑)。

夫婦げんかはしないし、性生活もつっぱねたことないし、仲よさそうかもしれません。でも、言葉でねぎらわれたり、話し合う習慣がなかった。これは介護する側にはつらいです。八十七才にもなって、昔のことを思い出してムカムカします。言葉で心を伝えるトレーニングは、年取ったらできません。夫婦で「ありがとう」「助かったよ」と、言い合う習慣を、若いうちからぜひ持ってください。私もまだまだ修行中です。

message

「性」は、生きることで、本能。
優しくするなら、
妊娠初期のセックスも構いません。

セックスは、人間の本能です。セックスが少なかったら、国がつぶれます。本能が希薄な国に、将来はないんです。

妊娠初期のセックスについては、いろいろな考え方があります。「妊娠五カ月までは自重しましょう」という説が、一般的ですね。でも私は、「ここに赤ちゃんがいる」ということを忘れず、女性をいたわってするのであれば、妊娠初期でもセックスして構わないと思います。もちろん、過激なセックスはダメですよ。

私は、セックスをよく食事に例えます。「あれも食べたい、これも食べたい」という、グルメを追求するような欲張りセックスは、妊娠初期はもちろん、中期や後期になってもしてはいけません。本当に愛情のこもった「一汁一菜」のようなセックスをしてください。

そうそう、グルメもセックスも、「強烈なものは、じき飽きが来る」ってところ、共通してるね。

message

経済的に厳しい時期と妊娠が
重なったとき「よっしゃ」って
心意気見せてくれるだんなさん。
夫婦ってええなぁと、応援したくなる。

お金のことや人間関係のことで、しんどい立場に立たされること、一生のうちにどんな人にでもありますね。そんなとき、「自分はかわいそうな人間や」とか「あの人が悪い、この人が悪い」と不平不満ばかりの人と、「自分が与えられた環境の中で、精一杯やろう」と、前向きに考える人がいます。そのいちばんの違いは、自分の置かれた状況に納得しているか、納得していないか。どんな逆境にあっても、それに納得できる人は、どんどん前に進めますが、不平不満ばかりの人は、どこまで行っても悪循環やね。

若い夫婦のなかで、妊娠してもお金の心配がある人、多いなぁ。うちに来る患者さんらにも、奥さんが妊娠すると、出産費用を捻出するために、「よし！」と、仕事のほかにアルバイトを始めるだんなさんがいます。そういう人は、後光が差しているように思えて、応援したくなる。そんな家庭は、この先きっと、いいことあるで。

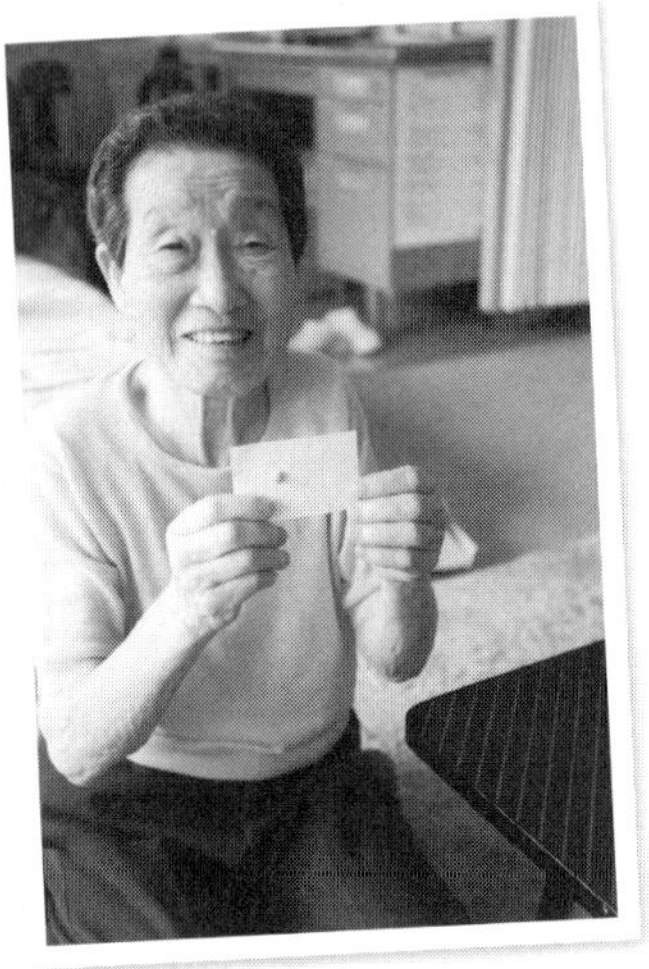

「命の始まり」がわかる手作り教材

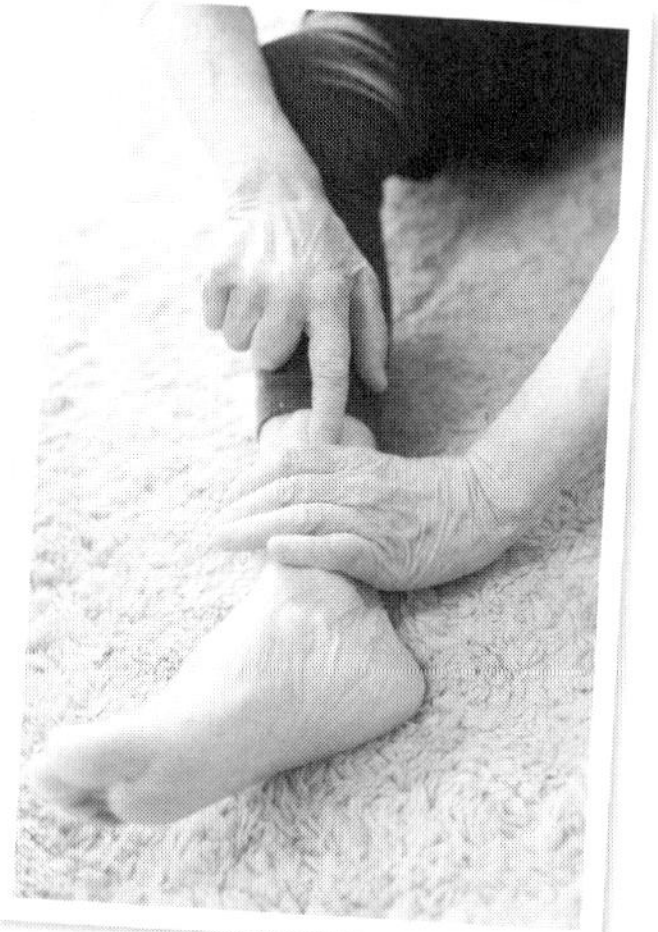

女性が冷やしてはいけない場所「三陰交」

（写真左）向かって右に小さく見える針先でつけた朱の印は、受精した瞬間の大きさ。左の大豆は40日後の命。「私らは、２億の精子の代表なんや」と語りかけると、生徒さん達はみんな真剣な表情に。
（写真右）内側くるぶしのいちばん高いところから、指４本上が「三陰交」のツボ。ここを冷やないように心がければ、ばあちゃん先生のように「87才でなおスベスベ足」も、夢ではないかも。

第2章

安定期に入ったら

【妊娠中期〜後期】

育てやすい赤ちゃんを産もうと思ったら、
リズミカルで楽しい妊娠生活を送ること。
いつ寝たか起きたかという生活では
赤ちゃんの体内時計が育たんから。

message

安定期の前につわりがあるんは、
「食生活をリセットしなさい」って
神様からの伝言かも。
人間の体ってよぉできてるな。

つわりが終わるころ、胎盤が完成して安定期に入る。これは「いままでの、欲しいだけ食べる生活を卒業して、新しい食生活を始めなさい」っていう、自然の法則。妊婦さんに体重制限をやかましく言う医師もいますが、私はその逆。「十〜十五kgは体重を増やしてや」ってお願いします。産むのがやっとの体重では、余裕を持った子育てができませんから。おなかの赤ちゃんは、いわば「搾取する従業員」。会社がつぶれようがおかまいなしで、自分の給料だけは奪うような存在です。必要な栄養は、しっかり摂る。お母さんが大変なときでも、赤ちゃんは、ちゃっかりしてるんですよ。意外に思われるかもしれませんが、スリムな妊婦さんからは大きな、ゆったりした体型の妊婦さんからは小さな赤ちゃんが生まれます。過剰に体重制限した妊婦さんのおなかは栄養にゆとりがないので、過剰に栄養を摂る習慣がつくんです。赤ちゃんが将来、糖尿病になるリスクもあるので要注意。

message

育てやすい赤ちゃんを
産みたければ
妊婦さんが「ハリのある生活」を
することや。

順調な妊娠は病気ではありませんから、「普通に暮らす」ことが大事。でもいまの世の中、「普通の生活」って意外と難しいですね。「普通」とは、いってみれば、適度な仕事や運動をして、三度の食事をきちんと食べて、規則正しく生活すること。

夫婦二人で暮らしていたら、「だんなさんを送り出すとそのまま寝て、午後にやっと起きだして、おせんべいが食事の代わり」っていう人、多いです。こんな生活では、これから始まるハードな出産や子育てに備えて、自分の体を鍛えられない。それに、いつ寝たか起きたかはっきりしない生活では、赤ちゃんの体内時計も育ちません。

育てやすい赤ちゃんを産もうと思ったら、自分が率先してリズミカルに妊娠生活を送ること、ハリのある生活を意識すること。

受胎したときから子育ては始まってるんです。自分にとってのハリのある生活って、どういうものなのか、考えてみてください。

message

八カ月までの逆子は
おおかた自然に治るもん。
回りやすいときは、さらしと
タオルで固定すると安心。

妊娠八カ月の終わりまで、赤ちゃんは逆子になりやすいのですが、だいたいは治ります。健診のときに逆子だと言われたら、赤ちゃんの背中側が上になるようにして寝るといいでしょう。

ときどき回りやすい赤ちゃんがいて、頭位と逆子をくり返すことがあります。そんなときは、赤ちゃんが頭位に落ち着きやすいように、タオルとさらしを使って一日くらい固定してあげるといいです。（70頁の写真参照）

お産は昔から自然にくり返してきたこと。怖がらず、気分を楽しく、リラックス。悪いこと考えると、引き寄せるから。いまの日本の医療で、お産で亡くなることは、まずありません。お産は、助産師のものでも医師のものでもなく、妊婦さんと赤ちゃんのものです。「よし、自分で産んでやろう」という強い意識を持てば、それだけでもう十分。その気持ちは、赤ちゃんに伝わります。

message

妊娠高血圧症候群を防ぐために
後期になったら食生活は
よくよく節制せなあかん。

妊娠後期、いちばん怖いのは、妊娠高血圧症候群（妊娠中毒症）。赤ちゃんをお母さんの体の異物として排除しようとする、腎臓と血管の病気です。妊娠すると、腎臓はお母さんと赤ちゃん二人分の働きをしなければならないのですが、腎臓の機能は、逆に妊娠前より落ちてしまいます。だからよくよく節制しなければ。

塩分を摂りすぎないよう、薄味を意識するのはもちろんですが、なかでも化学調味料に入っているグルタミン酸ナトリウムは、血圧を上げる働きがあるので要注意。外食やお店のお惣菜など「おいしい味付け」には、グルタミン酸ナトリウムが大量に含まれます。自然のうまみなら安心なので、私は煮干しと昆布の出汁を濃いめにとって常備しています。五百ccの水に対して、十㎝の昆布を二枚、大きめの煮干し五〜六尾で出汁を取り、冷めたらペットボトルに入れ、冷蔵庫で保存します。これを化学調味料が欲しいとき、代わりに使うんです。

減塩以外に気を付けて欲しいのは、水分の摂りすぎ。水分は、がぶ飲みせず、少しずつ飲む習慣をつけると、トータルの量を減らせます。

意外に知られていないのは、炭水化物を減らすこと。私は妊婦さんが妊娠後期に入ると、「ご飯、麺、パン、ケーキなど、炭水化物を摂りすぎないこと」と、お願いします。私はいま「ご飯と漬物があれば、それで満足」という食生活をしていますが、妊娠後期の人は絶対に真似しちゃいけません。

炭水化物は、元気に動くためのエネルギーとなる栄養素です。妊娠後期の妊婦さんは、おなかが重くなって動くことが少なくなるでしょう? だから炭水化物は、最低限あればいいんです。目安として、毎食お茶碗に軽く一杯くらいにとどめることです。炭水化物を摂りすぎると、火がチョロチョロとしか燃えていないかまどに、どんどん薪をくべているような状態になり、体が不完全燃焼を起こします。これが、妊娠高血圧症候群につながるんです。

妊娠高血圧症候群は、初産の人ほど、症状が重くなる特徴があるんです。また、妊娠十カ月の前半まで、特に問題なく来た人でも、ほんの少し油断しただけで、手のひらを返したように重篤な症状になる。働く妊婦さんが、産休前に「きょうは特別」と送別会でたった一回ご馳走を食べただけで妊娠高血圧症候群になってしまった例を、いくつも見ています。私、いつも言うんです。「お産したら、何でも好きなもん食べさせてあげるから、いまは自分の命、赤ちゃんの命を守るため、がまんせなあかん」って。

あんこや飴など、炭水化物を含まない甘いものについて、私はあまりやかましく言いません。赤ちゃんの脳の栄養になりますから、食べ過ぎない程度にどうぞ。そして野菜を摂ることはもちろん、体を作るたんぱく質、カルシウムも、バランスよく食べてください。

message

赤ちゃんは生まれ時を自分が知ってるもんや。だから予定日過ぎてもヤキモキせんでええ。

お母さんのおなかの中は、桃源郷。その理想郷の中で、赤ちゃんは一日に千四百万年もの進化を続けています。私らの業界では「予定は未定」という言い方をするんです。予定日は一つの目安でしかありません。

赤ちゃんがおなかに留まっているのは、居心地いい証拠。昔から、「（予定日より）延びるお産は安心」と、言うんです。赤ちゃんは賢いですから、何らかのトラブルがあると、早く生まれてこようとします。予定日を過ぎてからお産になるということは、赤ちゃんもお母さんも、いい状態っていうことなんですよ。

赤ちゃんは、おなかの中で一生懸命に脳の充実を図り、体も成熟させ、「光り輝く人生を送りたい」と願ったとき、合図を送ってきます。それが陣痛なんです。予定日を中心に、前後二週間が正期産。予定日を過ぎてもヤキモキせず、心を落ち着けて、赤ちゃんの準備が整うのを待ってあげてください。

自分で「もうすぐお産かな」とわかる方法を教えましょう。おふろに入ったとき、おしもに手を当ててみるんです。お産の準備が整っていないときは、おしもがシャキッとしているもの。それが、産む態勢が整ってくると、フワッとした感触になってきます。

のんきな人はお産が軽く、何でも計算ずくの人や、「自分は痛みに弱い」と常に考えているような人は、お産が大変になりがち。これは、私の経験上いえることです。お産は、素直な気持ちでするとええ。「いつ痛んでくるか、いつ痛んでくるか」なんて、考えず、のんびり過ごして、自然体でいればいいんです。

そうそう、里帰りしていると、お産の始まりが遅れがち。気持ちが「妻」から「娘」に戻ってしまうんかな。お産が遅れて困る人は、だんなさんとセックスするといいんですよ。

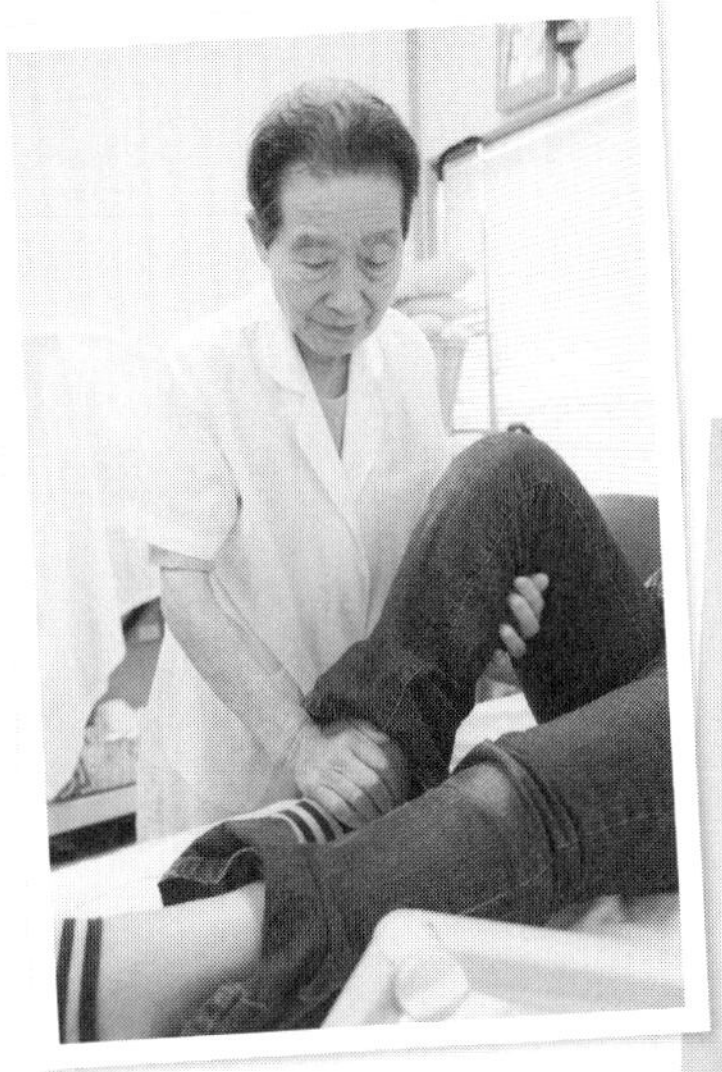

すみずみまでチェック

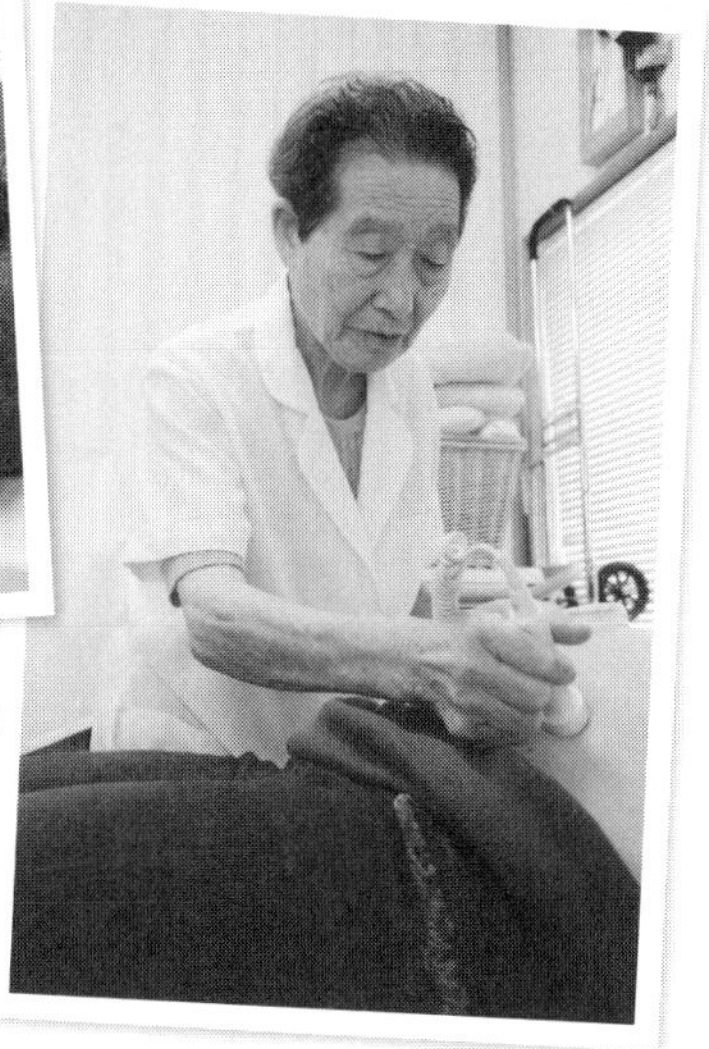

臨月の妊婦さんの健診

message

九カ月に入ったら「肛門が真下」になる姿勢を意識すると、ラクなお産になります。

妊娠九カ月に入ったら、赤ちゃんの頭が骨盤にまっすぐ入るように、座る姿勢に気を付けてください。横座りしたり、背中を丸めて座らないように、肛門が真下に向いた生活を意識するんです。椅子やソファに座るときは、どっかり腰を下ろすのでなく、背中を立てて。床に座るときは、正座かあぐらで。座布団を二つ折りにしてお尻に敷くとラクかもしれません。

お産の最中、「もっと進んでもいいはずなのに」というケースがときどきあります。そんなときは、赤ちゃんの頭がゆがんで骨盤に入った可能性があるので、「仕切り直し」するんです。産婦さんに、背中を床につけ、お尻を高く上げる姿勢で陣痛を五回（時間にして約二十分）乗り越えてもらい、赤ちゃんの頭をいったん骨盤から離して、まっすぐに直します。仕切り直した後は、お産がぐんと進むんです。

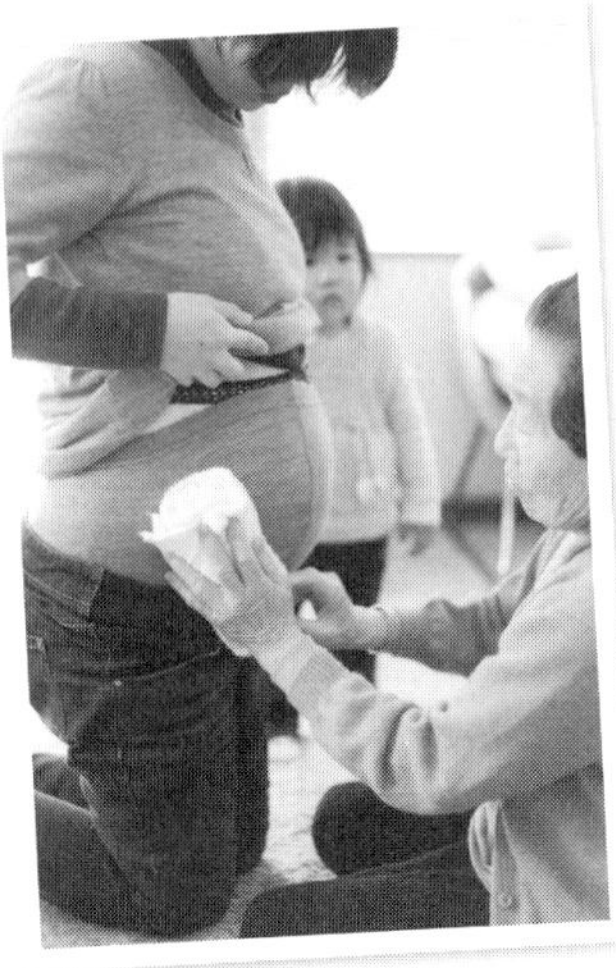

逆子防止のためにタオルとさらしで固定

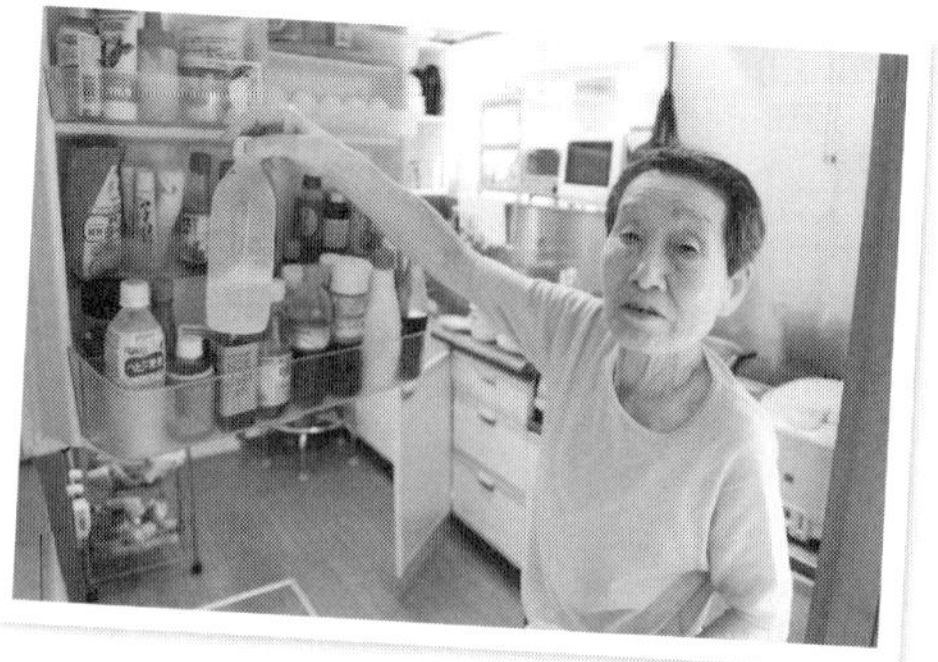

作り置きしている「煮干し出汁」

（写真上）逆子と頭位をくり返す場合は、赤ちゃんの背中がある側と反対側に、巻いたタオルを写真のように置き、さらしを巻いて固定しておく。1〜2日続けると、赤ちゃんが頭位に落ち着きやすい。
（写真下）濃いめに取った「煮干し＋昆布出汁」があれば、煮物でも卵焼きでも、さっと作れる。溶き卵、同量の出汁、刻んだゆで野菜を混ぜ、醤油と砂糖で味付けした卵焼きは、坂本家の定番。

第3章

お産の兆候が来たら

【出産】

お産は、昔々からくり返してきたこと。
怖がる必要ない。安心してな。
赤ちゃんが生まれようとする
自然な力を、徹底的に信じることです。

message

お産がゆっくり進むのは
病気やない。
赤ちゃんのエンジンがかかるのを
楽しみに待てばええ。

[出産]

「早いお産でなく、赤ちゃんに負担がかからないのが、ええお産」って、私、よく言うんです。赤ちゃんにとっては、ゆっくりゆっくり生まれるのがいい。なぜって、幾重にも包まれたお城のような子宮と外界では、まるで別世界。公園の滑り台でゆっくり滑り下りるように生まれるのと、ジェットコースターで急降下するように生まれるのとでは、赤ちゃんにかかってくる負担が違うでしょう?

あれよあれよという間に生まれてきた赤ちゃんで、なかなか泣き止まない赤ちゃん、ときどきいます。そんな赤ちゃんは、「怖かったなぁ、びっくりしたやろ」って、よくよく抱っこしてあげる。すると、だんだん落ち着いてくるんです。お産の進み方には、赤ちゃん自身の持って生まれた気質も関係しているように思いますねぇ。破水から始まるような、威勢のいい子、の～んびり優雅な子(笑)。

病院では、ゆっくり進むお産を「微弱陣痛」と名付けて心配します。けど、そのケースのほとんどは、赤ちゃんの側に「ゆっくり準備する理由」があることのほうが多いように思うんです。

私の取り上げたゆっくりなお産で、忘れられないケースがあります。その赤ちゃんは、へその緒がゆるくひと結びしていたんです。もし、急激にお産が進んだら、お産の途中でへその緒の結び目がキリッときつく結ばれてしまい、赤ちゃんは胎内で亡くなっていたでしょう。赤ちゃんは、きつく締まらないよう、結び目を自分の胸に大事に抱えて、ゆっくりゆっくり生まれてきたんです。赤ちゃんは、自分が死ぬような生まれ方はしないのです。

「お産がゆっくり進む理由」は、その赤ちゃんによって違いますが、どんなに気をもませた赤ちゃんも、いざ準備ができると、ちゃんとエンジンがかかります。ですから私ら助産師は「この赤ちゃん、いつエンジンかかるかな」と、楽しみに待つんです。私は、赤ちゃんの本能を徹底的に信じていますから、陣痛がなかなか進まないからといって、不安やストレスを感じることはありません。

もう一つ、お産が進まない原因が、お母さんの側にある場合も。先日、赤ちゃんも下りてきて、「もう進んできてもいいころだ」と思うのに、なかなか陣痛が本格的にならないお産がありました。それは、妊婦さんの心の中で、お産を恐れる気持ちがあったんです。

お産が怖い、陣痛が怖いと思っていると、赤ちゃんの準備が整ってきても、陣痛が進むのをストップしてしまいます。お産を畏怖する気持ちは、私にもあります。けれど、怖がるのと、畏怖するのとは別のこと。陣痛は、赤ちゃんの「生まれる準備が整いましたよ」という合図、赤ちゃんからのノックですから、どうか恐れず、楽しみに待ってあげてください。考えてみたら、おなかが痛くなって「よかった、よかった」なんて思うのは、陣痛だけですね（笑）。

message

生まれ方は生き方。
苦しいお産を乗り越えた経験が
その後の自信につながる。

[出 産]

誰にも助けられないのがお産。その苦しいお産を乗り越えて生まれたとき、赤ちゃんは大きな自信に満ち「ヤッター!」という気持ちです。誕生の瞬間、死ぬような苦しみを乗り越えることに、私は大きな意味があると思います。将来、人生の壁にぶつかったとき「自分はあんな苦しい出産を乗り越えたんだ。こんなことでくじけてどうする」という絶対の自信を、心の根底に持てるからです。

助産師の大先輩に、こんなエピソードがあります。子どものころ、セミが孵化するときもがき苦しむ様子を見て「かわいそうに」と手伝ったら、セミは息絶えてしまう。何度も繰り返す様子を見かねて、先生のお母さんが「生きるものには、生まれる過程がある。その過程を通らなかったら、生きていけん」と、注意したそうです。生きとし生けるものには、生まれるプロセスがあるんですね。

一つとして同じお産はありません。同じ夫婦から、七人も八人も赤ちゃんが生まれても、お産の経過はすべて違うんです。同じ親から生まれてもお産が同じでないのは、「人間は、一つのところに留まっていないから」。お産には、そのときの感情、精神状態が、そのまま反映されます。だから私たち助産師は、お母さんの心に寄り添うんです。立ち会っているだんなさんも自然に寄り添います。「助産所でお産すると、また次の赤ちゃんが欲しくなる」というのは、お産に徹底的に寄り添う姿勢が、お母さんの負担を和らげているからやと思います。

とはいえ、赤ちゃんを守るために自然分娩が無理なケースもあります。もしベストなお産ができなくても、嘆くことはない。人間には挽回する力があるからです。いちばん大切なのは、親がお産のプロセスを納得すること。そして、「あなたが生まれたときはね……」と、お産の現場を、子どもに真剣に伝えてやることが大事です。

[出 産]

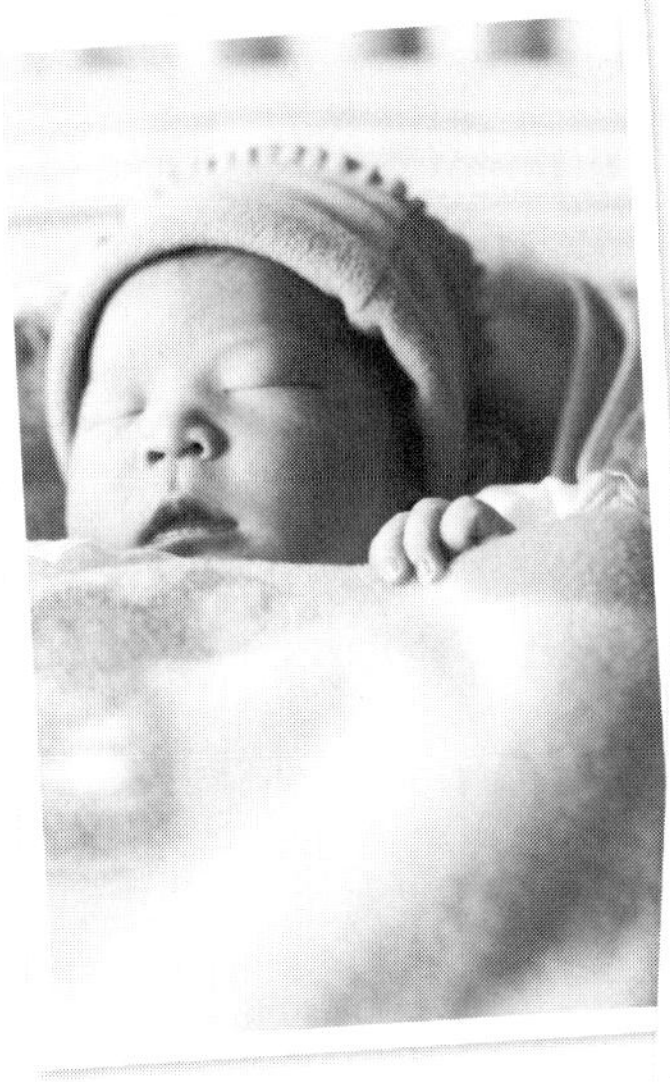

安心してぐっすり

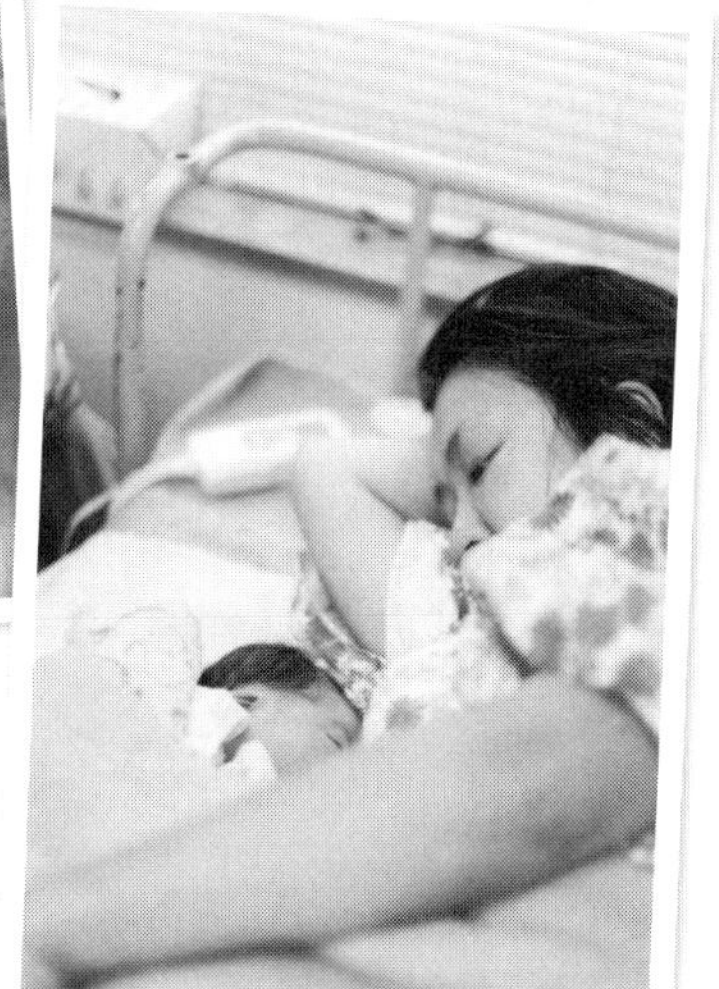

出産直後の母子

message

赤ちゃんが生まれる過程は、
信じられんようなことばかり。
だから考えすぎはだめ。
自然の力を信じること。

[　出産　]

赤ちゃんが生まれるのは、何度立ち会っても不思議です。六十六年お産の現場にいて、四千人近い赤ちゃんを取り上げていますが、同じ産まれ方は一つもありません。それは「同じ生き方が二つとない」というのと同じだと思います。お産の主導権は、誰が握っていると思いますか？　助産師でもお母さんでもなく、赤ちゃんが握っているんです。人間の体には、六十兆の細胞があるといわれています。そのうち、百四十億が、脳の細胞。その百四十億の脳細胞を、一つも壊さんようにこの世に出ようと、どの赤ちゃんもみな思っています。ですから赤ちゃんは、絶対に自分が死ぬような生まれ方はしません。赤ちゃんに任せていたら、大丈夫なんです。お母さんのおなかにいるころ、赤ちゃんの肺にある四千五百万の肺胞には、水が詰まっています。その水が、十カ月のときには半分になり、産道の中でウンウンいうたびに水が少なくなって、お産の瞬間には、空っぽになるんです。そして、空になった肺胞いっぱいに空気をためるために「オギャア」と泣くんです。

産道を通り抜ける瞬間、赤ちゃんはもう一つ大きな仕事をします。それは、自分の頭の形を骨盤に合わせること。骨盤の入り口は横長で、出口は縦長。そのため、頭が通り抜けられるように、赤ちゃんは自分で回旋して出てくるのです。赤ちゃんの頭のいちばん大きいところが骨盤を通るときは、頭の骨の接ぎ目を重ね合わせて小さくし、頭をぐっと反らせます。そのとき、赤ちゃんは一瞬死んで、暗黒世界から光り輝くこの世に生まれてくるんだと、私はいつも感じるんです。

お産は人間の手の届くものではなく、神の領域。神の領域のことを、人間があれこれ考えたり心配したりしても、始まりません。私たちにできるのは、自然の力、赤ちゃんの力を信じることなんです。そして、生まれてきた赤ちゃんにとって最良の環境を整えてあげることです。

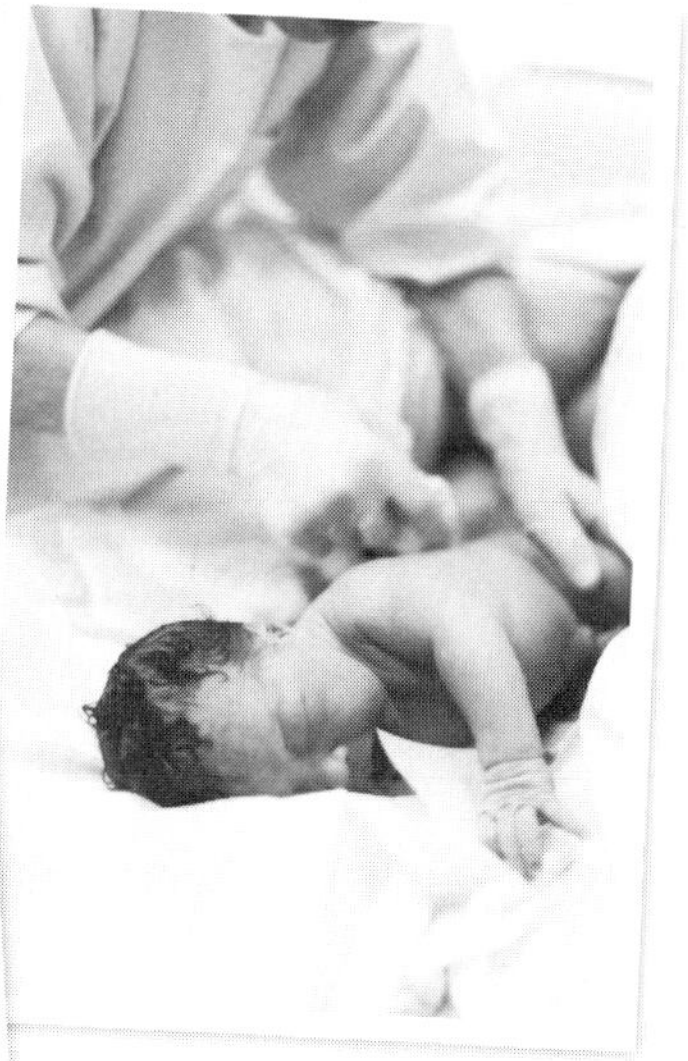

「よしよし、よう出てきたなあ」

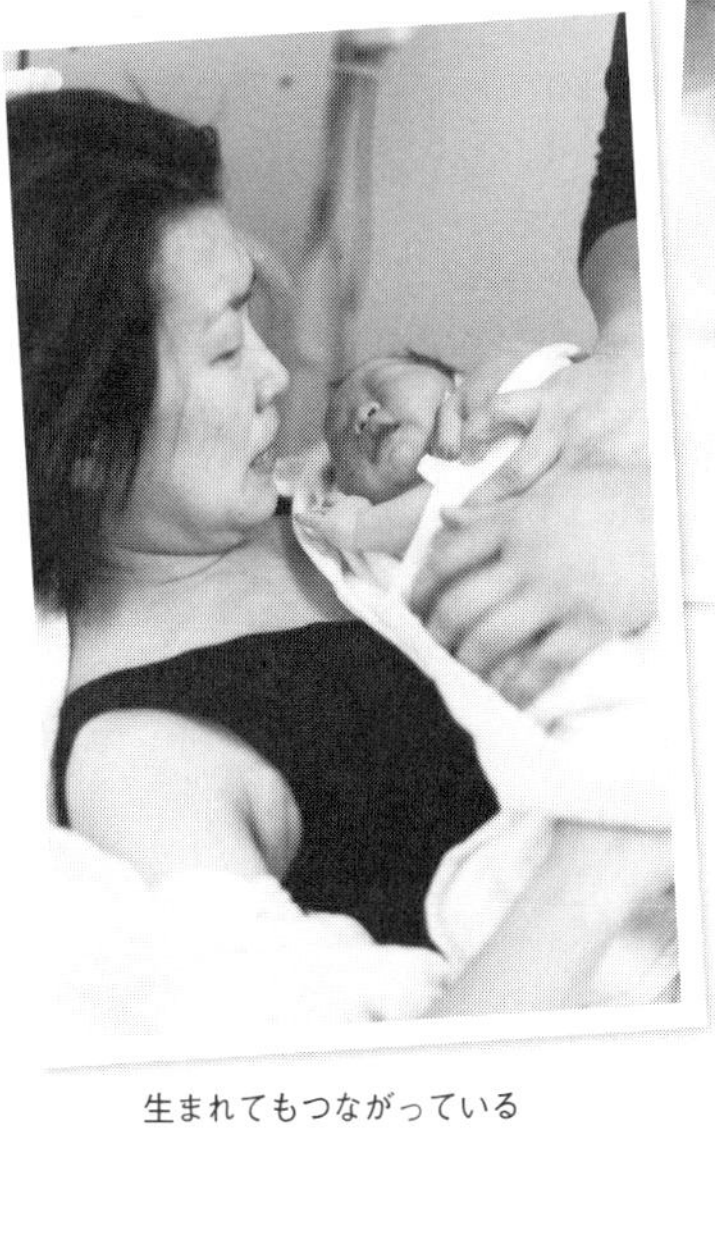

生まれてもつながっている

message

助産所のお産には
お父さんの出番がちゃんとある。
最初はおそるおそるのお父さんも
そのうち本能で動き出す。

[出　産]

六十年前のお産は、家庭分娩が当たり前でした。お父さんは自転車でお産婆さんを迎えに行き、おじいさんは薪を割ってお湯を沸かし、おばあさんは、子どもたちと一緒に、お嫁さんを励まし続ける。赤ちゃんが生まれる過程を家族で協力して乗り越え、家族のきずながてきたのです。

戦後、アメリカの影響で、お産の場所が家庭から施設に移り、今ではお産の大半が、病院で行われるようになりました。そして、子どもを一人か二人しか産まない世の中になり、その子の命を全うさせなければと、高度医療が受けられる総合病院でのお産が増え、家族のきずながますます危うくなっています。

その一方で、立ち会い分娩する病院も増えてきました。その傾向はいいことだと思うのですが、お産の場所にお父さんがいるだけの「スタイルとしての立ち会い分娩」ではなく、本当に夫婦でお産を乗り越えられる分娩ができたら理想ですね。

助産所の立ち会い分娩には、お父さんの仕事がちゃんとあります。最初「俺はお産にかかわるのはごめんだ」と言っていた消極的なお父さんも、さてその場になったら、こまめに一生懸命働くなぁ。汗を拭いたり、お茶を飲ませたり、マッサージしたり。私ら助産師も、何をしたらいいのかお願いしますが、みんな自然に体が動きます。私はその様子を見ていると、「これは、本能や」と、いつも思います。

産む苦労を知らなかったら、わが子といっても、タネを仕込んだだけですから、父親の自覚なんて、希薄なものでしょう。けれど、二人で苦労して産んだ子は、どうしたってかわいく思えます。

無事赤ちゃんが生まれたときは、どのお父さんも、自然に涙が出てますねぇ。中には号泣するお父さんもいて、私たちも、もらい泣きするんです。

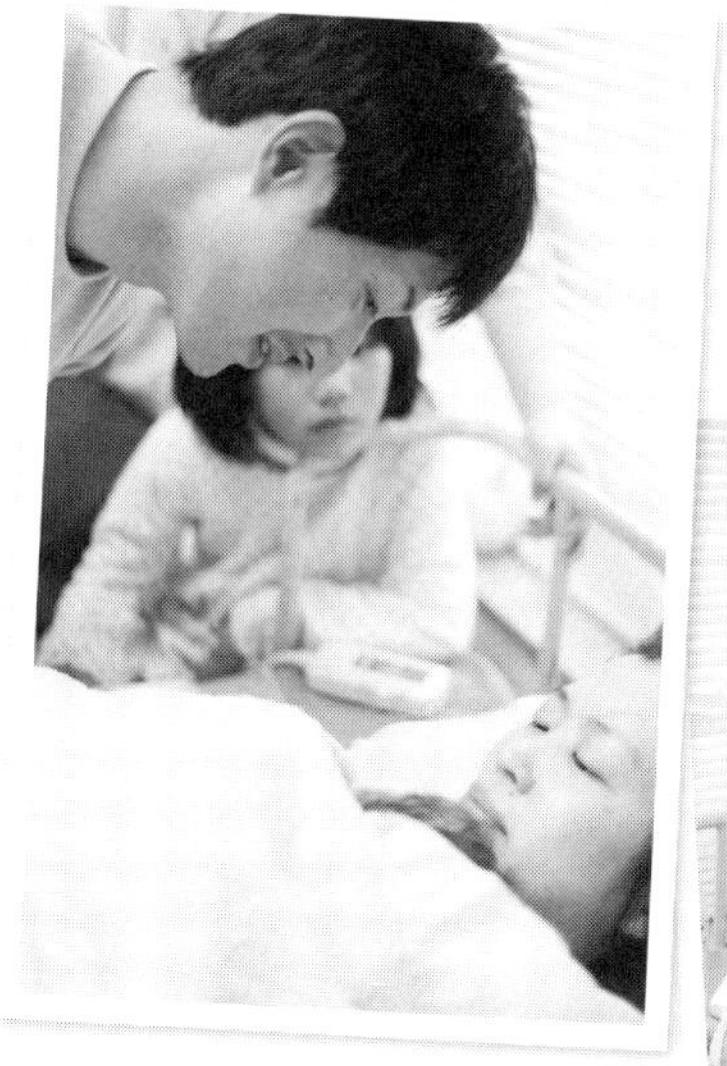

生涯忘れられない対面

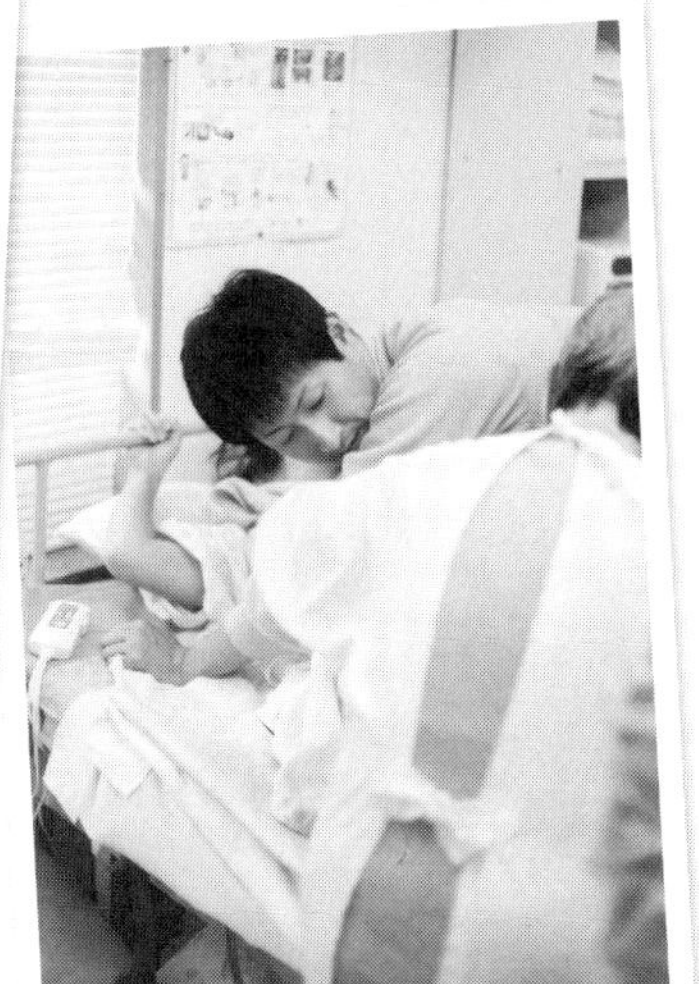

「もうすぐだ、頑張れ」

message

お産は、一生に一度か二度の
大イベント。
「お父さん忙しいから仕事休めん」
は、困ります。

助産所でお産したいと来てくれた妊婦さんに、「だんなさんとは、仲ええですか？」「ご両親とは、うまくいってますか？」って、よく聞くんです。助産所でお産することを親に隠していたり、だんなさんの反対を押し切ってここでお産しようと思っていたりすると、不思議とお産の進行がよくない。あまり極端な人は、お断りすることもあります。

私は、かつて日本中の家庭でそうだったように、お産を家族で乗り越えて欲しい。お産を通じて、家族がつながり直して欲しい。いつもそう思っていて、そのために仕事を続けていると言ってもいいくらいです。けど、日本の男性は仕事優先で、お産になかなか協力的になりませんね。親が死んだら、どんなに突然でも一週間会社を休むでしょう。子どもが生まれるときも、陣痛が来てから出産まで、お父さんが大きな顔してお休みできるよう、社会の仕組みを変えていかないとダメです。そうでなければ、とてもじゃないけど虐待はなくならんと思います。

message

お産のあとの二時間、だんなさんは
奥さんのそばにいて欲しい。
私、これだけはやかましく
言うんです。

赤ちゃんが生まれると、それまでお母さん中心だったのが、赤ちゃん中心の空気にガラッと変わります。おじいさんもおばあさんも、赤ちゃんを取り囲んで、鼻は誰に似ているだの、耳は誰だの、勝手なこと言いますね(笑)。

そんなとき、だんなさんだけは奥さんのそばにいてあげて欲しいんです。「つらかったなぁ」「俺だったら、辛抱できない」ってねぎらいの言葉をかけて欲しい。立ち会い分娩は、産んだら終わりと違うんです。私は、「お産のあとの二時間は、何が起こるかわからんから、そばにいてよく見たって」とやかましく言うんです。だんなさんからのねぎらいの言葉で、どれほど信頼度が増すことか。セックスは本能でできるけどねぎらいの言葉は本能ではかけられません。ここは、努力が必要や。日本の男性は、女の人の愚痴を聞いたり、慰めたりが苦手でしょう。これから先も長い長い夫婦生活がある。若いうちから訓練しておいて欲しいんです。

message

お産のあとの胎盤を見ると
お母さんのその後の健康に
予測がつく。

[　出　産　]

お産って、赤ちゃんが生まれたら終わりと思われがちですが、そうではありません。十カ月間赤ちゃんを育ててきた胎盤を娩出して、やっと無事に分娩が終わるんです。

へその緒は、お母さんのおなかから出てしばらくの間は、トントンと脈を打っています。その拍動が終わって初めて、「胎盤の役目が終わった」といえるんです。助産所では、へその緒の拍動が止まるまでしばらく待って、へその緒を切ります。

胎盤を見れば、その後、そのお母さんがどんな健康状態で暮らせるか予測がつきます。ですから、私の助産所では、お産のあとお母さんに胎盤を見てもらいます。触ってもらうと、温かくてふわふわしていると、みなさん驚かれますね。硬塞がなく、きれいな胎盤であれば、次の赤ちゃんを授かっても大丈夫。胎盤にトラブルがあるようなら、お母さんの健康を立て直すのが先決です。

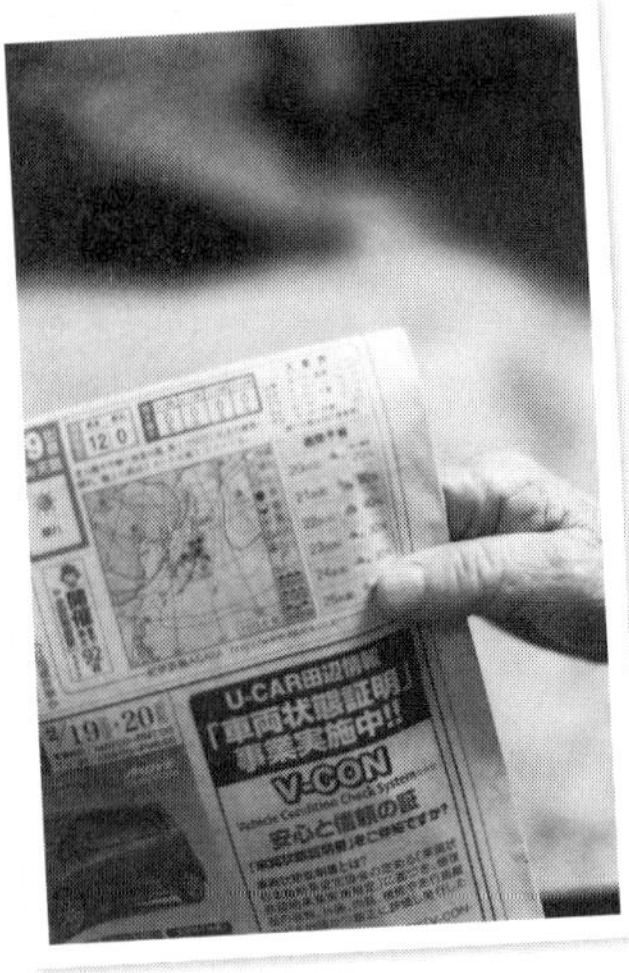

新聞の満潮・干潮欄

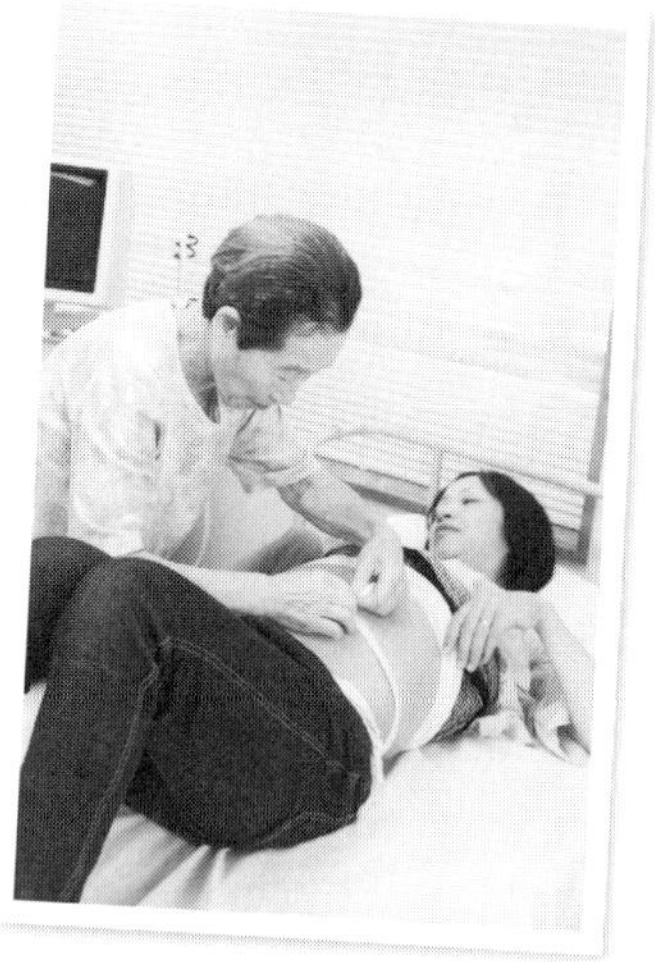
妊娠後期の妊婦健診の様子

（写真左）お産が近い妊婦さんがいるときは、新聞で満潮時間をチェックする。「人は海から来たから、満潮に生まれることが多いんかな。海を見ると、みんなわくわくするでしょう。海はお母さんなんやね」
（写真右）足がつる、貧血など、妊娠後期の症状に共通するのは、カルシウム不足。妊娠期間中は、牛乳を毎日200ccは飲んで欲しい。「魚、青菜のカルシウムは貯金用、牛乳はその日の分」と考えて。

第4章

生まれたての赤ちゃんとの入院生活

【産褥期】

「こんな小さい赤ちゃん、育てられない」って言う人、多いです。
でも大丈夫。赤ちゃんとかかわりながらお母さんらしくなっていくんやから。

message

産後すぐは「こんな小さい
赤ちゃん育てられん」って。
でも大丈夫、そのために
入院生活があるんやから。

[　産　褥　期　]

最初から自信満々のお母さんなんていません。うちの助産所で産んだ人も、「こんな小さな子、育てられん」っていう人、多いですよ。でも大丈夫。そのために入院生活があるんです。私はお母さんに「ここを退院するときが卒業。そのときはきっと自信持ててるで」って言います。赤ちゃんを産むって並大抵のことではないです。気持ちの高揚が落ち着くまで五日かかる人もいます。

「母性本能」といいますが、これは「本能」と名がついていても、実際には経験の中で育つもの。「子どもが王様」という家庭で育った現代の女性には、本当の意味で母性本能が備わっている人は、少ないように思います。赤ちゃんを産んで、赤ちゃんを「かわいい」と思った瞬間から、母性本能がグーンと育ちます。ですから、「赤ちゃんをかわいいと思えるように過ごすこと」が、とても大事なんです。どこに入院しても、私たち助産師が、その手助けをします。安心してください。

message

お乳の出ない三日間に赤ちゃんの
おなかを満たしてやること。
親孝行の子を育てようと思えば、
満足させてやればいいんです。

［ 産 褥 期 ］

人間には、その時期、時期、学ぶことがあります。これはそのとき教えれば簡単なことが、時期を逃すと教えるのに時間がかかる、という意味です。生まれて三日間の新生児鋭敏期は、人間に備わっている原始運動がもっとも冴えた時期。その三日間は、「自分は大切な存在なんだ」という「自尊感情」を育てるのにもってこいなんです。「生まれて三日間なんて、どうせ何もわかっていないだろう」と、あなどらず、しっかりかかわったげてな。純粋なものほど、こちらが信頼してしっかりかかわってやったら、ちゃんと応えてくれるもんです。

産後三日間は、まだお母さんのお乳が出ません。昔は五香というものをどの家庭でも用意してお乳が出るまでの代替品として使っていたんです。この時期に満腹感、満足感を与えることはとても大事。私はお乳が出るまで、白湯や薄いミルク（湯五十ccに、粉ミルク一さじ）を飲ませます。お乳が出るようになれば、白湯も薄いミルクもおいしくないですから、お乳を嫌いになる心配もないし、腎臓に負担もありません。

産後三日間にひもじい思いをさせてしまうと、それが後々、赤ちゃんの性格につながるように思います。親孝行の子を育てようと思ったら、何にも難しいことはない、満足させてやればいい。「ああ満足した」という気持ちが、親への感謝につながり、それが自尊感情の土台になるんです。
○才児の育児で大切なのは、「与えて、与えて、与え切る」ということ。道徳的観念なんてない時期ですから、とにかく徹底的に与えていいんです。お乳が出るようになったら、吐くほど飲ませていいんです。

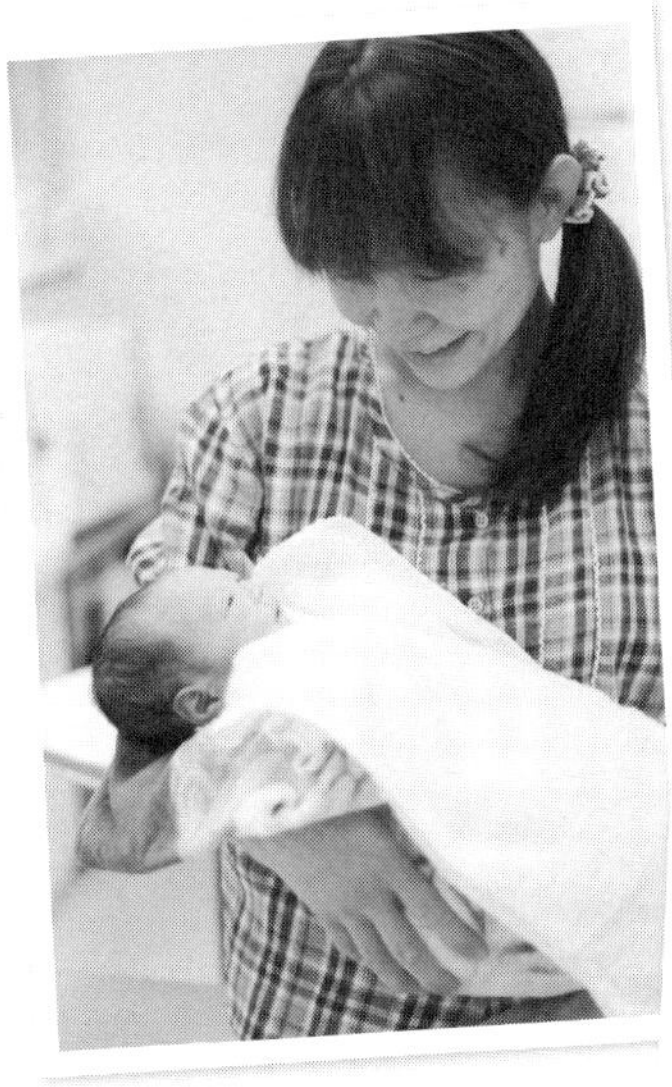

さっぱりして気持ちいい

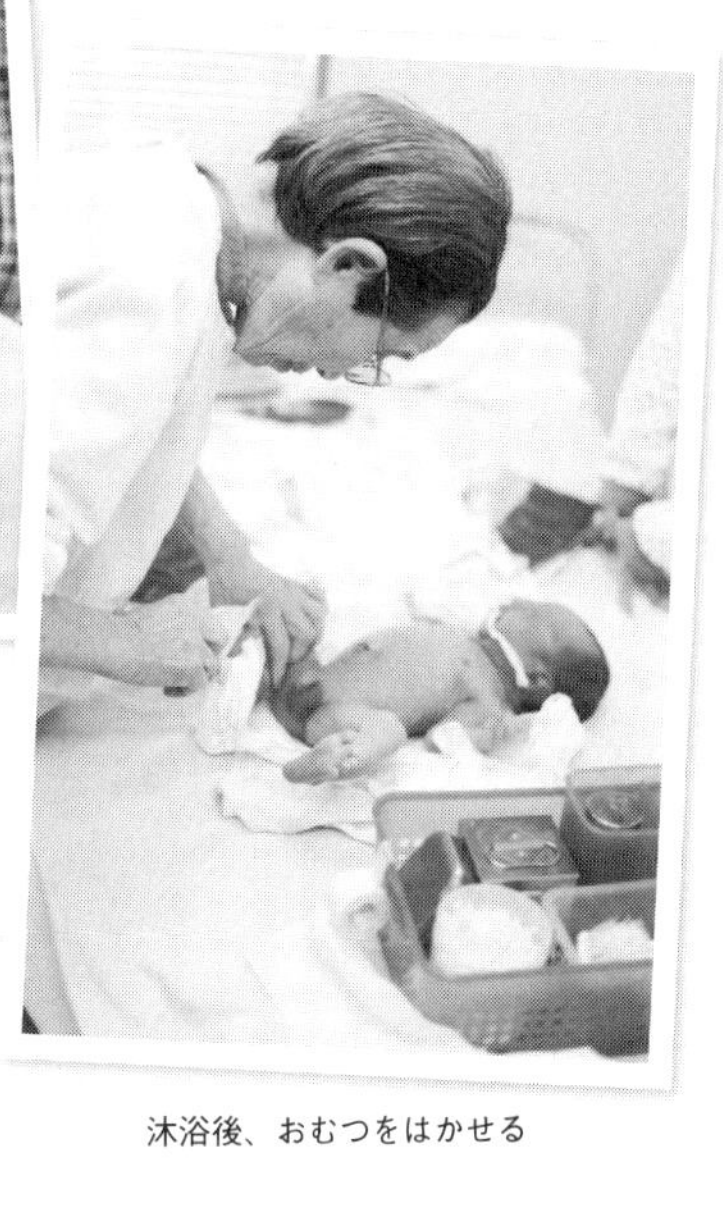

沐浴後、おむつをはかせる

message

「お乳を入れる」に集中するより
まずは便やおしっこを「出す」に
意識を持っていくこと。

赤ちゃんは、お母さんのおなかにいるとき、羊水の中でおしっこをして、それを飲んでいます。でも、便はほんの一粒も出すことはありません。便は、生まれてから初めて出すんです。

私が生まれたばかりの赤ちゃんに白湯や薄いミルク（湯五十ccに、粉ミルク一さじ）を飲ませるのは、満腹感を持ってもらうのと同時に、赤ちゃんに便やおしっこを出してもらうためでもあります。人間は、呼吸でも何でも、まず「出す」のが先。「赤ちゃんに、お乳をいっぱい飲ませたい」と、授乳のことばかりに集中するより、まず水分を摂って、お母さんのおなかにいる間に貯めていた便を、すっきりと排泄することを、意識するほうがいいです。便やおしっこをしっかり排泄しているうち、お母さんのお乳を受け入れる準備が整ってきて、今度はお乳もちゃんと飲めるようになります。私は、生後一日の赤ちゃんで、一日トータルで百ccは、白湯を飲んでもらっています。

message

体のあちこちが痛むとき、
「うにゃうにゃ体操」が
体の痛みを和らげます。

うちで出産した人たちは、お産の翌日からみな元気に歩きます。遠目に見ると「見舞いに来たお友だちかな?」と思うほどです。病院のお産を経験した人から「本当に昨日お産した人ですか?」と聞かれるほどです。

助産所でのお産は、会陰を切るようなことはしませんが、お産のあとは体の思わぬところが痛むものです。ですから私は、お母さんに「うにゃうにゃ体操」をしてもらうんです。

やり方は簡単。布団に寝転んで、体の痛い部分が動くように、体をもだえさせるんです。だんなさんが横で見たら、襲いかかってくるかもわからんな(笑)。

痛いところは「痛い、痛い」とかばっていたら、もっともっと痛くなります。捻挫や骨折なら別ですが、そうでないなら、どんどん動かすことが大切。私はこの体操を、自分でも朝の日課にしています。(108頁参照)

message

授乳で大事なのは「赤ちゃんのお口とおっぱいを直角にする」、「時間をかまわず欲しいときに飲ませる」の二つだけ。

お産直後は、お母さんのお乳もまだ準備中。赤ちゃんのおなかを満たすほど母乳があふれることはありませんが、お乳が張ってくる前に赤ちゃんの口で吸わせることが大事です。「出ないのに吸わせてかわいそう」なんて心配はいりません。赤ちゃんは、張ってくる前のお乳を吸いながら、自分の口に合わせて乳首の形を整えているんです。

授乳の基本は、赤ちゃんのお口と乳首を、直角にすること。授乳のたびに飲ませる角度を変えるとかいう人がいますが、そんな必要はありません。夜の授乳のときは、添い寝したまま飲ませてもいいです。

それと、最初の一、二カ月は、間隔にこだわらず、赤ちゃんの吸いたいときに吸わせること。よく、授乳の記録をつけている人がいます。つけるのはいいのですが、それにとらわれすぎて「何時にあげたばっかりだから」とか「何時で二時間だから」とか、きちっきちっとしたがる。記録を見るより、赤ちゃんの様子を見てください。

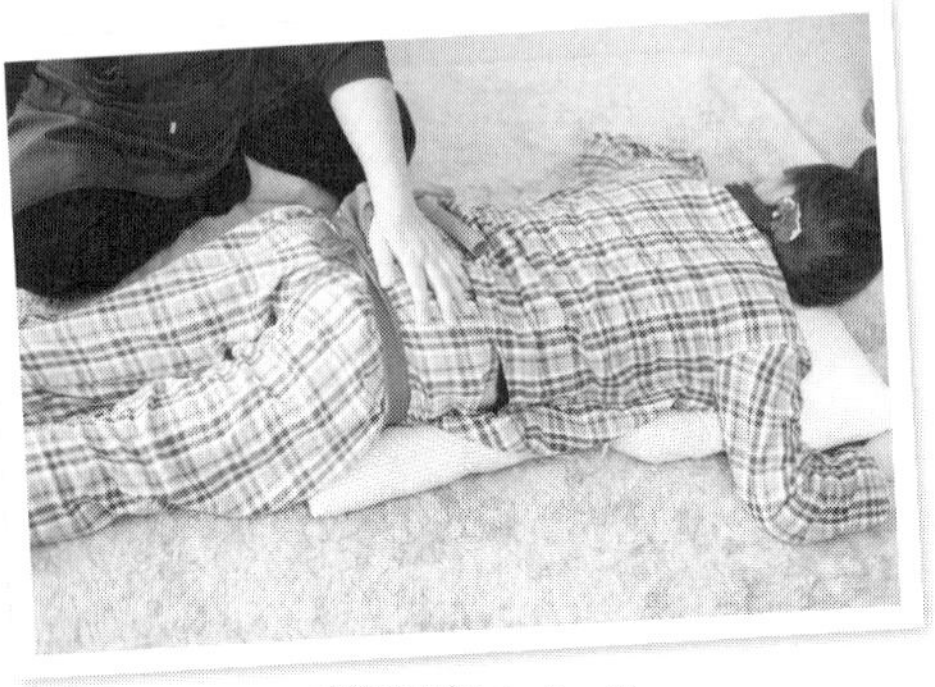

産後の骨盤マッサージ

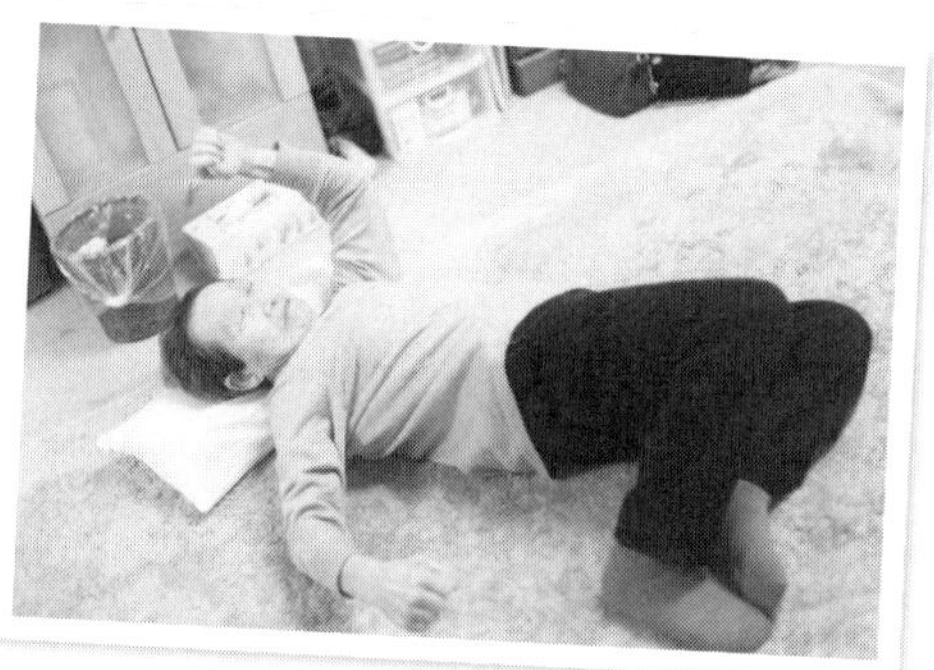

うにゃうにゃ体操

（写真上）助産所に入院中、お産でゆがんだ骨盤を矯正するマッサージ。痛がる人、くすぐったがる人など、反応はさまざま。

（写真下）ばあちゃん先生直伝、「うにゃうにゃ体操」。体に痛いところがあるときは、いたわってかばうのではなく、どんどん動かす。疲れのたまっている部分がよく動くように、体をうにゃうにゃとくねらせる。関節を動かしたり、伸ばしたりして、血行を良くする。

第5章

退院してすぐの生活

【新生児期】

戸惑うことばかりの毎日でも
それでええんです。子育ては
「起こったことに対処する」のが基本。
先回りして心配しすぎないことやね。

message

さて、いよいよ親子の生活。
戸惑うことが次々起こるかも
しれませんが、それでええんです。

入院中、私がどんなに指導しても、その後が百%万全ということは、まずないです。入院中は、困っても私たちに頼れますから。

退院して、自分が責任者として赤ちゃんに向きあうようになると、そこで初めて、わからないこと、困ったことが出てくるんです。

でも、私はそれでいいと思っています。子育てでは、「問題が起こらないように」と先回りして策を講じたり、「こうなったらどうしよう」と不安を膨らませて戦々恐々とするより、起こった問題を受け止めて、どうやって解決しようかと考えるほうが大事ですから。

「こんなことで悩むのは自分だけ」とか「こんなささいなこと、相談するのは恥ずかしい」と思っていませんか？　子育てに「その人だけの問題」や「ささいな問題」は、一つもありません。みな同じように悩んでいるんです。困ったことがあれば、一人で抱え込まないで、相談することです。

message

お母さんが「寝るかしら」「泣かないかしら」と不安がると赤ちゃんはその思いにがんじがらめになります。

「この子は寝るかしら、泣かないかしら」って、常に赤ちゃんのことを心配しているお母さんがいますね。特に退院したばかりのころは、そんなお母さん、多いです。

この前も「赤ちゃんが泣いて泣いて、一日に一回食事できるかどうか」って、困り果てたお母さんが相談に来ました。私は「ここで預かってあげるから、お友だちとランチしておいで」って、送り出したんです。その赤ちゃん、助産所ではグーグー寝てるの。お母さんの思いにがんじがらめにまとわりつかれて、眠れなかったんやなぁ。

戻ってきたお母さんに「この子が寝ている間、自分の気持ちを離して、赤ちゃんを解放してあげなさい」って言いました。赤ちゃんとお母さんは、見えないきずなで結ばれていますから、お母さんが不安になると、赤ちゃんも不安なんです。たっぷりお乳を飲ませたら「気持ちよくゆっくり寝なさいよ」と赤ちゃんを信頼することです。

message

「手抜きの子育てしなさいね」って、
みなさんに言うんです。
しんどさがなければ赤ちゃんを
かわいく思えますから。

患者さんが退院するとき、「手抜きの子育てしなさいね」って、送り出すんです。「先生にそんなこと言われると思わなかった」って、よく驚かれます。

子育てがスタートしたばかりの時期は、緊張の連続で、肩に力が入りがち。でも、しんどい子育てを続けていたら、「赤ちゃんがかわいい」とは、なかなか思えません。家の中が散らかっているような、多少ずっこけたお母さんでも、赤ちゃんをかわいいと思っている家庭は、温かい雰囲気がするものです。

赤ちゃんをかわいいと思い、全面的に受け入れるところから、子育ては始まります。「かわいがりすぎかな?」「こんなに甘やかしたら、将来、世間の荒波に負けてしまうかな?」なんて思う人がいますが、それは逆。子育てには、その時期、その時期で大切なことがあります。将来、世の中の役に立つ、立派な大人になってもらうために、○才の赤ちゃんはたくさんかわいがってあげてください。

「赤ちゃんをかわいいと思えること」は、子育てでいちばん大切なこと。その気持ちから、すべてが始まるんです。赤ちゃんをかわいく思うために、しんどさのない子育てをしてください。しんどさのない子育てとは、完璧主義にならず、自分の手のかからんように工夫すること。赤ちゃんがよく寝てくれて、お母さんがほっとする時間がある子育てのことです。ときには、あんたやあんたのだんなさんの実家を頼って、のんびり過ごさしてもらったらええですよ。

ママが笑顔だと赤ちゃんも笑顔

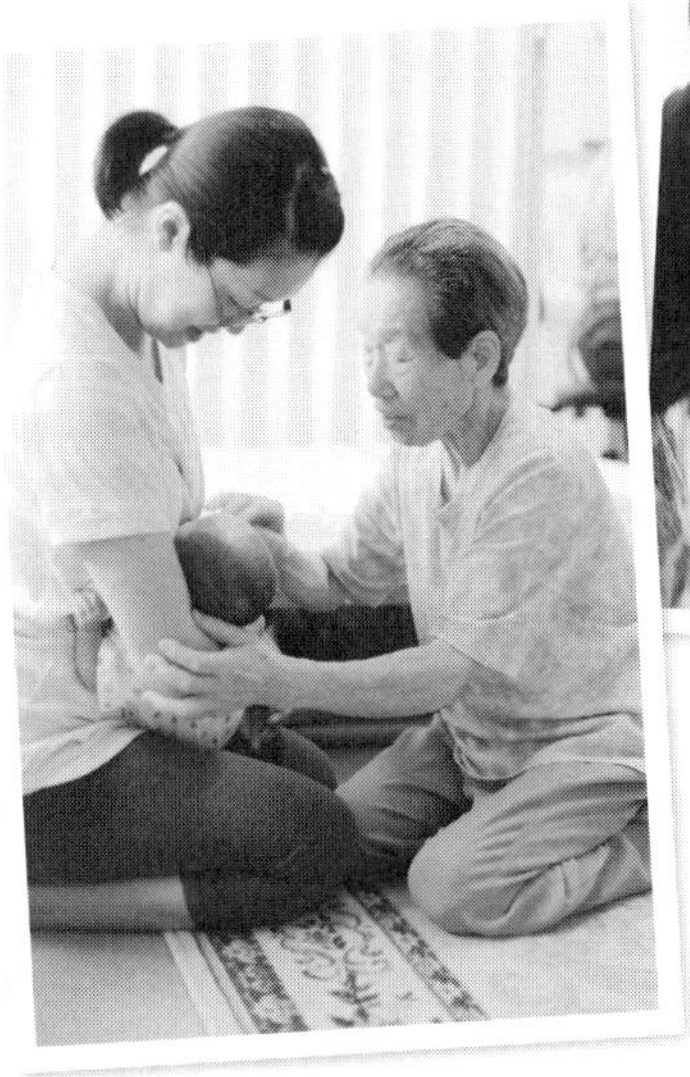

おっぱい指導も逐次

message

母乳は、食べたものに影響を受けます。だからといって「あれもダメ、これもダメ」と制限しすぎないこと。

現代は飽食の時代ですから、濃厚なものを食べすぎたら、お乳が詰まることもあります。でも、私はわりにのんきで「詰まったら、そんとき考えればいい。好きなもの、食べたらええ」って、いつも言ってます。先回りして「あれもダメ」「これもダメ」と制限しすぎて、気持ちにゆとりがなくなるほうが、お乳を詰まらせるよりずっと心配です。

お乳が詰まりやすいお母さんには、漢方の薬局で手に入る「ゴボウシ」のお茶を勧めています。五百ccの水にごぼうの種大さじ一で煎じます。飲みやすい味ではありません。ものすごく苦いけど、冷やすと少しは口当たりがよくなります。冷蔵庫に入れておき、一口ずつでいいので飲んでください。自分でおっぱいマッサージするときは、肋骨からお乳の底をはがすイメージで。お乳で触っていいのは、乳首と肋骨だけ。乳房をマッサージすると熱が出ますから、肋骨部分だけを押してくださ い。乳房《ちぶさ》が熱を持っているときは、湿布などで冷やすのもいいですね。

message

赤ちゃんにとってお父さんは
「希薄な存在」や（笑）。
「大事な人」と認識させられるか
どうかは、お母さん次第やね。

お母さんと赤ちゃんは、妊娠中はもちろん、出産してへその緒を切ってからも一体なんです。それに対してお父さんは、どうしたって「希薄な存在」(笑)。

けど、どんなに仕事が忙しくて、平日は赤ちゃんの寝顔しか見られないお父さんでも、お母さんがちゃんと伝えれば、赤ちゃんは「この人は自分にとって大事な存在なんだ」と認識します。平日は父親が不在で、おむつを替えたりミルクを飲ませたりしなくても、お父さんが大好きな子になるんです。将来、子どもがお父さんを好きになるかどうかは、お母さんの態度で決まると言ってもいいくらい。

お母さんが経済的にやきもきしないように支えていくのが、お父さんの役目です。家族が安心して暮らせるように頑張っているお父さんは、家ではクタクタでしょう。「お父さんは、家ではくたびれているけど、あんたのために一生懸命仕事してくれてるのよ」って、子どもにちゃんと伝えてあげてください。

どんなに世の中が変わっても、男の人に子どもは産めん。これは自然の摂理です。だから子育てでも、お母さんと同じことをお父さんに求めてはダメ。

男の人は、単純。だから何の損得勘定もなく、一つのことに打ち込める。これが本能でしょう。

それに比べて、女の人は、腹黒いな（笑）。でもこれは「家を守る」ということを脈々と続けてきたからで、悪いことばっかりではないように思うんです。

それぞれが、いいところを認め合い、いい面を出し合える家庭が、赤ちゃんにとって理想の家庭です。夫婦仲良くしていたら、子育ては安泰なんや。

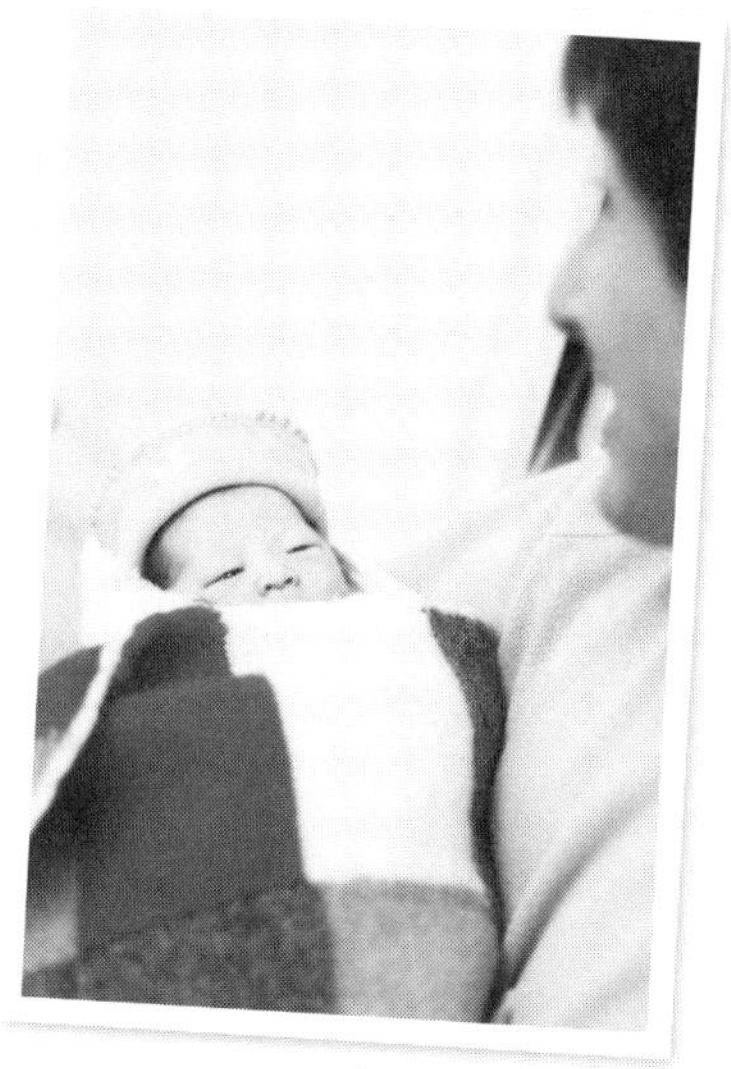

お父さんの存在は大きい

それを伝えるのが母の役目

message

赤ちゃんに話しかけ過ぎないこと。
強く泣いたとき
すぐ応えてやること。

入院中や退院したばかりのころ、赤ちゃんの様子をずーっと気にしていて、ちょっとモゾモゾするたび、すぐ声をかけるお母さんがいます。私は「寝かしといてあげなさい。赤ちゃんだって、寝言も言いたいやろ」って言うんです。

赤ちゃんは、むにゃむにゃ言ったり、モゾモゾと動くこともあるけれど、モゾモゾしながら寝ていることもある。大人だって、そんなんでいちいち反応されたらかなわん（笑）。独り言みたいな声のときは、反応せずそっとしておけばいいです。赤ちゃんが寝ているのに、常に心配してそわそわしたり、「いつも話しかけていなくては」と思う必要はないんです。そのかわり、強く泣いたときは、応えてあげてください。訴える手段は泣くことしかない。強く泣いたとき、タイミングよく応えてもらうと「呼べば来てくれるんだ」という安心感、達成感があるんです。

message

やれゲップ、やれ鼻掃除と
神経質になりすぎないこと。
自浄作用というものが
あるんやから。

お乳を飲ませたあと、ゲップさせようと、赤ちゃんの背中をたたいたりさすったり、長いことしているお母さん、多いですね。けど、ミルクと違い、母乳の赤ちゃんは、そうそうゲップしません。頭を高めにして十分くらい抱っこしていれば、余分な空気は鼻から自然に出てしまう。どんなにたたいても、出ないものは出ないです。抱っこできないときは、枕をトントンたたいて坂にして、頭が高くなるようにして寝かせてあげてもいいです。

しゃっくりが苦しそうだと心配したり、くしゃみをすると「寒いかな？　風邪かな？」と不安になったりするようですが、それも心配ない。しゃっくりは、私から見たら「よく飲む証拠」。くしゃみは、鼻くそが詰まったときの自浄作用です。鼻掃除しなくても、赤ちゃんはちゃんと自分で出すんです。人間の体って、ネジ一つないのに、よくできてるなぁ。

message

頭のかっこうをよくしたいなら
ドーナツ枕ではなくタオルで
「肩枕」をしてあげてください。

赤ちゃんは上気道が狭いので、枕をするとあごが下がって息が苦しくなってしまいます。よく、寝ながらうなっている赤ちゃんがいますが、呼吸が苦しいことが多いですね。

だから赤ちゃんに枕はいらないです。でも、頭のかっこうがゆがんでいるなら、タオルを細長く丸めて、140頁の写真のようにして肩の下に敷いてやるといいね。これは、昔から「肩枕」と呼んでいるやり方。これなら、あごが上がるから、呼吸がラクにできますよ。

message

うちで教える「赤ちゃん体操」は
お母さんが手足を動かすんでなく
赤ちゃんが自分でするんです。

「赤ちゃん体操」というと、お母さんが赤ちゃんの手足を持って動かすことのように思われがちですが、助産所でやっている「赤ちゃん体操」は、赤ちゃんが自分でするんです。

おふろ上がり、はだかのままで、赤ちゃんを一～二分うつぶせにするの。すると、生まれたその日の赤ちゃんでも、首を上げて背中の筋肉をモリモリさせて、前に進もうとするんです。足の裏に私が手を当てると、ギュッ、ギュッ、ギュッと足を踏ん張りますよ。お母さんたちは、びっくりして見てますが、これを毎日やると、早く首が座ります。赤ちゃん抱きして、大事に大事に扱っているだけでは、首が座るのが遅くなるのも当たり前。

赤ちゃんの背中って、なかなか見られないでしょう。赤ちゃんをはだかにしてうつぶせにすることで、かぶれやすいおまたやおしりのトラブルも、早く見つけてあげられます。（140頁参照）

message

相談される悩みでいちばん多いのは
「赤ちゃんが思うようにならん」。
でもこれは、当たり前のことです。

退院したばかりのころのお母さんから、いちばん多く訴えられるのは「赤ちゃんが、自分の思い通りにならない」という悩みです。「お乳飲んでうんこしたら、また泣く。それでお乳を飲ませると、またうんこして……のくり返し。また飲ませなければいけないの？」と。

厳しいようだけれど、ここははっきり「飲ませるしかないんや。それがお母さんの仕事やから」と、いつもお母さんたちに言います。

「赤ちゃんって、お乳飲ませたら、いつでも寝るものだと思ったのに、布団におろしても、目をパッチリ開けている」と困っているお母さんもいます。赤ちゃんだって、おめめを開けて遊びたいこともあります。そういうときは、付き合ってあげるゆとりがあるといいなぁ。

赤ちゃんは、お母さんとは別人格。「まだ小さいから」とあなどらずに、赤ちゃんのときから、ちゃんと一人の独立した人格として、赤ちゃんに接してあげてください。

message

授乳って、セックスの意味も
あるのと違うかなぁ。

授乳には、心と体の栄養のほか、もう一つ大きな役割があるんです。それは、赤ちゃんの中の「性の遺伝子」に働きかけるということ。赤ちゃんとお母さんは、授乳のたびにセックスしているようなもんやと、私は思います。だから授乳期のお母さんは、だんなさんとのセックスに消極的なんです。一日に何度もセックスしているんですから、男性が寄ってくるとうとましいの（笑）。男性は、思春期になると、衝動的にセックスしたくなる時期があります。そういう時期は、「人を殺してでもセックスをしたい」と思うもんです。けれど赤ちゃんのころ、しっかり抱きしめてもらって、授乳で満たされた経験をしている子には、歯止めがきます。そういう子は、人も大切にし、自分も大切にして、楽しい青春時代を送ることができるのではないでしょうか。そのためにも、赤ちゃんを母乳で育てて欲しい。できれば一年。そこまで踏ん張れなければ、せめて三カ月は、何とか母乳で育てて欲しいものです。

message

「よっしゃ、今日から赤ちゃんと
徹底的にかかわろう」
お母さんがそう決意した瞬間から
赤ちゃんが泣かなくなります。

赤ちゃんは、お母さんに抱きしめてもらうためにこの世に生まれてきます。大切に抱きしめてもらうことで、「自分は大切な存在なんだ」という、自尊感情を醸成しているんです。自尊感情は、勉強ができるとか、スポーツができるとか、そんなうわべのことよりずっとずっと大切な、人間としての土台。少々勉強ができなくても、自尊感情さえしっかりしていたら、自信を持って人生をやっていけるんです。自尊感情は、即席で育てることはできません。一年間、徹底的に赤ちゃんとかかわることで、基礎ができるんです。私はお母さんに「お乳を飲ませる一年間は、赤ちゃんと徹底的にかかわってやって欲しい。一年間が無理なら、三カ月だけでも踏ん張って欲しい」とお願いしています。そうすることで、その後の子育てがグンとラクになることを知っているから。逆に言うと、この一年間を適当にやり過ごしてしまうと、あとから修正するのはなかなか難しい。

「赤ちゃんが泣いて泣いて、どうにもならない」と言って、助産所に相談に来る人は、少なくありません。けれど、そんな赤ちゃんも、ここのベッドに寝かせると、不思議なほどすやすやと眠ります。助産所のベッドをトラックで借りて帰りたいというお父さんがいるほどです。赤ちゃんが寝るのは、ベッドのせいではありません。私は、ここに来た赤ちゃんと、徹底的にかかわるつもりでいるから、赤ちゃんが安心して寝られるんです。

私はお母さんに「これから一年、とにかく赤ちゃん中心の生活をしてやって」と言うんです。不思議なもんで、お母さんが私の話を受け入れて「よっしゃ、そうしよう」と決意すると、決意しただけで、何もしていないのに、赤ちゃんが変わるんです。

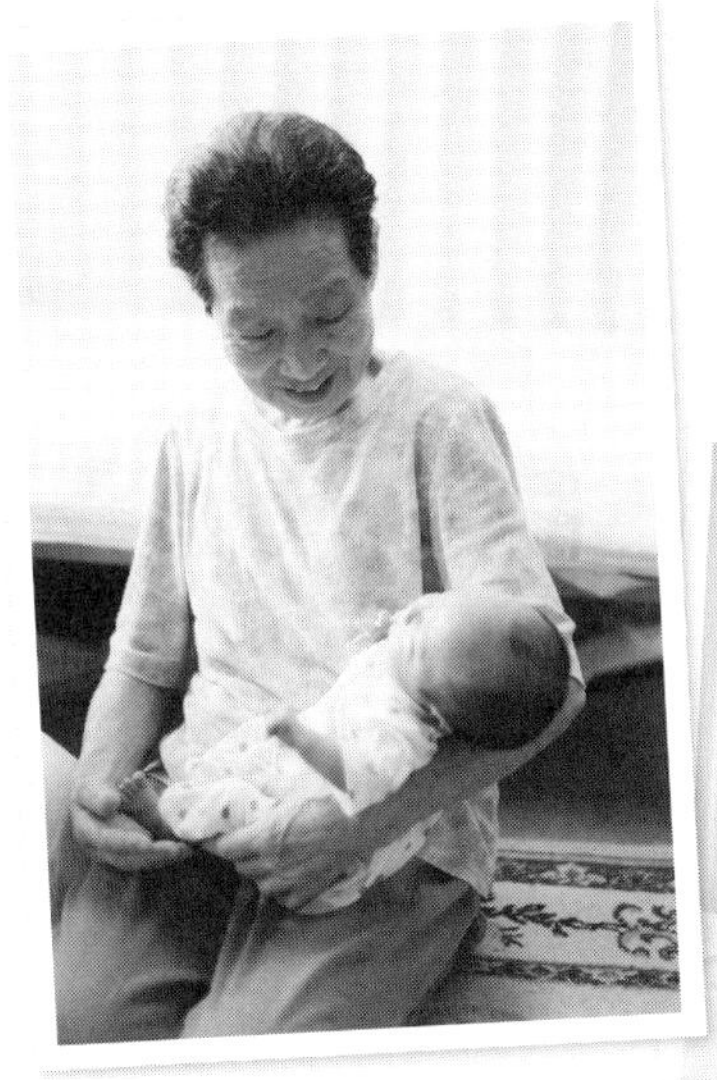

「満ち足りて眠っとる」

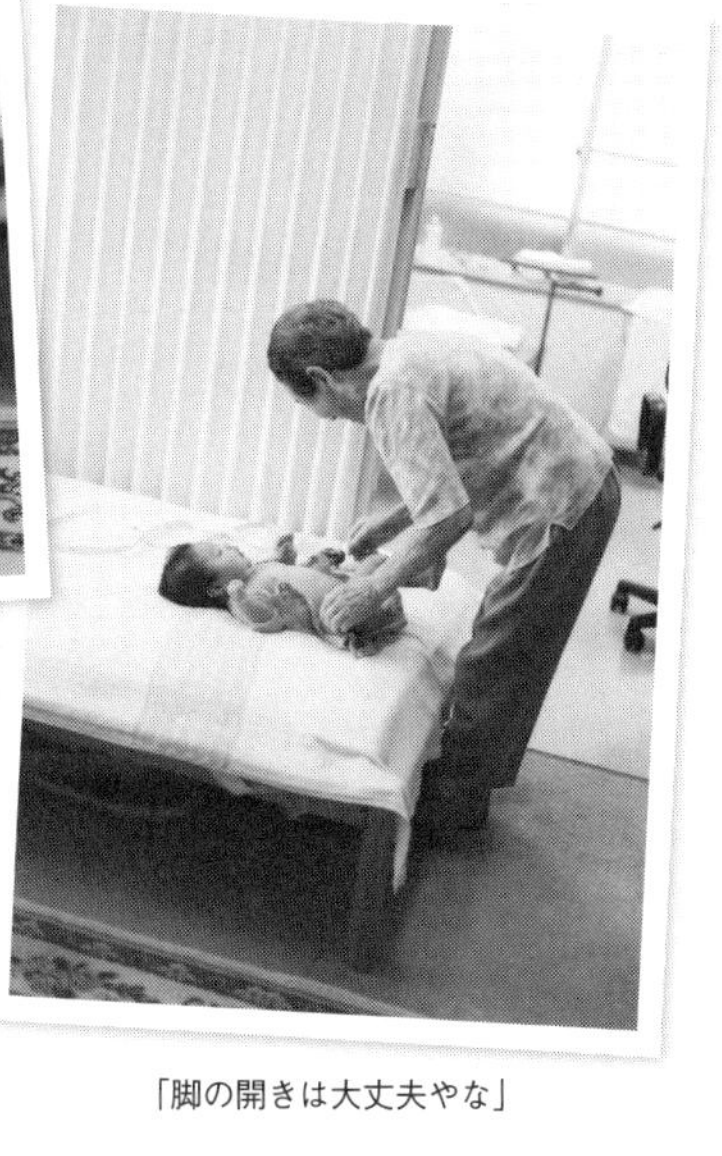

「脚の開きは大丈夫やな」

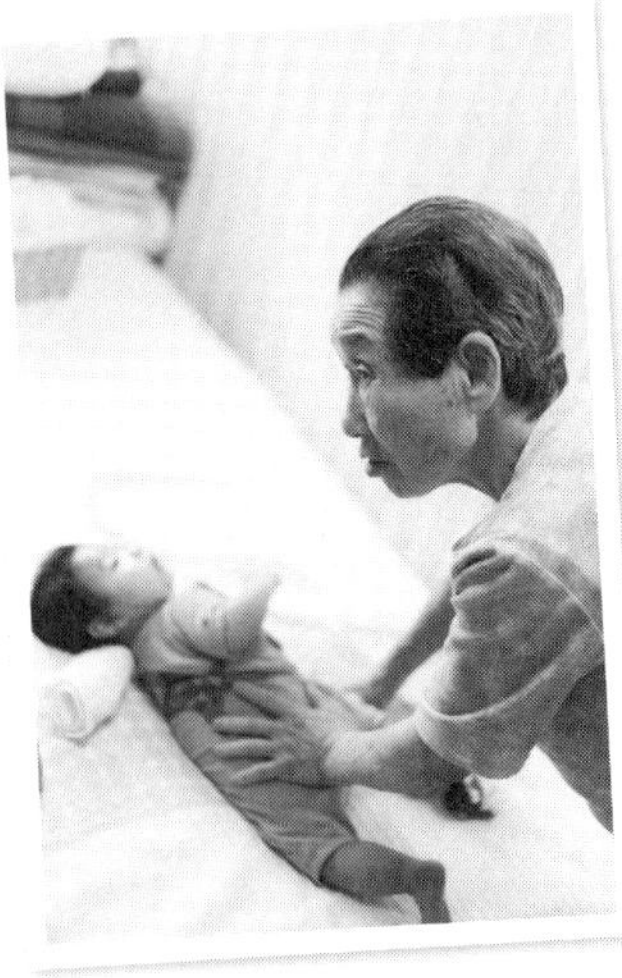

肩枕をしている赤ちゃん

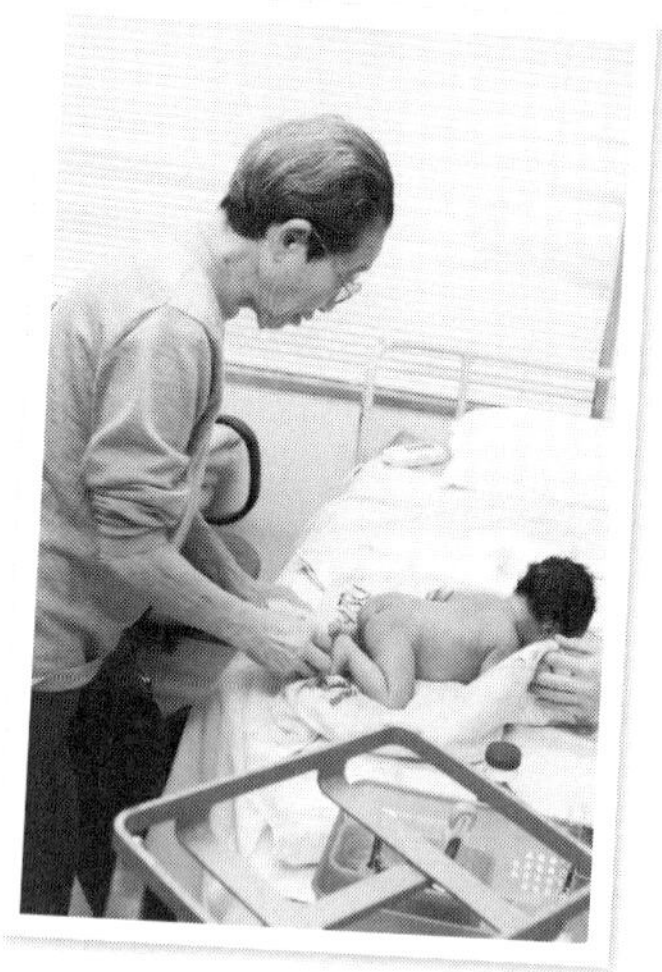

赤ちゃん体操

（写真左）タオルを丸めて、赤ちゃんの肩の下に敷く「肩枕」なら、赤ちゃんの気道が狭くならない。向き癖がついて頭のかっこうが気になるときは、癖とは反対向きに寝かせることができる。

（写真右）おふろ上がり、1〜2分うつぶせにして、背中側から全身をチェック。このとき足の裏に手を当ててあげると、グッグッと足をふんばり前に進もうとする。赤ちゃん自らがする、赤ちゃん体操。

第6章

生後一カ月から六カ月まで

赤ちゃんを抱いて抱いて抱きしめて
愛情を与えきっていい時期。
完璧主義は、親も子も疲れるだけや。
肩の力を抜いて、リラックスしてな。

message

赤ちゃんに教わるようなつもりで
ふわーっとした気持ちでいたら
産後うつにはならんように思います。

子育ては、頭で考えてするのではなく、赤ちゃんの様子を見て、感じて、自然にするものです。具合の悪そうな人を見たら、思わず背中をさすってあげたくなるでしょう。それが子育ての原点だと思います。最近、産後うつになる人が多いのは、頭で考えて「こうでなければ」と思いつめた子育てをしているせいもあるんでは？　赤ちゃんに教わるような、ふわーっとした気持ちでいたら、産後うつにもなりにくいんではないのかな。

それから、食べることはとても大事。食べるものも食べないで、精神的に元気でいるなんて、無理な話です。あわただしい毎日でも、ちゃんと食べてください。

message

産後一カ月過ぎたらどんどん
セックスしてください。
「ビデオ観て処理してるから」
なんて言う奥さんは問題です。

男と女では、持って生まれた生理が違います。男性は、たまったものは出さなければ仕方がない。産後一カ月を過ぎたら、どんどんセックスしてください。「だんなはビデオ観て処理しているから大丈夫」なんて言っている奥さんは、問題です。

「一年も二年も放っておかれているだんなさんは、精神的な虐待を受けているようなもんや」って、私よく言うんです。男の人が異常なセックスに走る根っこには、こういう問題があるように思います。

夫婦一緒に自宅にいるんですから、どんなかっこうでもできるでしょう。はだかになっていちゃついていたらいいんです。それで、だんなさんのたまったものを出す手伝いをしてあげてください。それが、いたわりというもの。掃除や料理が完璧でも、夫婦で肝心な部分がつながっていなかったら、家庭は冷たい。これではダメです。私の経験では、セックスのない家庭は、経済的にもよくありません。

message

○才児に、
道徳の観念やしつけは無用。
特に三カ月までは
盲目の愛でいいんです。

子育てでいちばん肝心なのは、肩の力を抜くこと。これは全期間を通じて言えることだけれど、赤ちゃん時代って、特に肩に力が入りやすいですね。「こうでなければならない」と思い込んで、緊張、緊張の子育てするのは、しんどいなぁ。もっとリラックスして、そのときどきの赤ちゃんをよく見ること。考えるのではなく、赤ちゃんの様子を感じて、どんどんかかわってあげて欲しいです。

赤ちゃんが生まれたばかりのとき、「この子をちゃんとしつけなくては」なんて緊張する必要、全然ありません。〇才児の赤ちゃんに対して道徳の観念やしつけは不要。特に三カ月までは、盲目の愛でいいんです。

〇才の赤ちゃんは、抱いて抱いて、ひたすら抱きしめて、徹底的にかわいがること。与えて与えて、与え切ってかまわないんです。そうすることで、素直な、いい子に育ちますよ。

テレビに子守をさせると
小さい子ほど悪い影響がある。
テレビより、お母さんが
子守唄を歌ったげてや。

赤ちゃんのときからテレビ漬けの生活を送っていると、視線が合わない、言葉でコミュニケーションが取れないなどの困ったことが起こります。テレビは人間相手と違い、一方的に情報を送ってくるニセモノや。それに「離乳食が進まない」というお母さんの話をよくよく聞くと、食事のときにもテレビをつけているということ、多いです。

赤ちゃんが小さいときの記憶ほど、脳の深い部分に残りますから、テレビの影響が強く出る。「どうせわからないだろう」と、赤ちゃんのいる部屋でつけっぱなしにしないこと。テレビを観たいと赤ちゃんが言っているではないんやから、それよりお母さんが子守唄や童謡を歌ってあげるとええね。お母さんの歌声は本物だから、心に届くんです。お母さんの歌声は、赤ちゃんの情緒を育てます。情緒障害をおこすととり返しがつきにくい。情緒の安定のためには、小さいうちから本物に触れさせることです。

ピンチの時ほど、本能が冴える。
先のことより、いまを生き抜けば
どうにかなる。大丈夫やで。

阪神淡路大震災、新潟県中越地震、東日本大震災と、この国では、大災害が続いています。思いがけない災害で、避難所での生活を余儀なくされている人たちの中に、赤ちゃんを抱えたお母さんも見かけます。命からがら逃げだして、お乳も出ない、ミルクもない。そんなお母さんが、大人用に支給されたおにぎりをトロトロになるまでよくよく噛んで、赤ちゃんに口移しで与えている姿を見ました。「それでええんや」、テレビの前で、私は思わずそのお母さんに声をかけました。戦争中、皇室でも、同じようにしていたんですよ。

「この子が生き抜くために」と、した行動は、平時なら型破りに思えることでも、常識はずれでも、それでええんです。極限状態にいるときほど、人間の本能が冴えるんや。

ピンチの時は、明日のことも明後日のことも、考えることはない。いまを生き抜くことや。いまを生きたら、どうにかなる。大丈夫やで。

おっぱいの詰まりに効くゴボウシ

ばあちゃん先生お手製、びわの葉軟膏

（写真左）漢方の薬局で手に入る「ゴボウシ」は、煎じて飲むと、おっぱいの詰まりを解消してくれる。飲みやすい味ではないけれど、坂本助産所で出産したお母さんには、飲んでいる人が多い。

（写真右）びわの葉を洗い、キッチンばさみで細かく切って、オリーブ油に半年漬ける。市販されている蜜蝋を混ぜると、びわの葉軟膏の出来上がり。保湿剤として赤ちゃんの肌にも大人にも使える。

第7章

生後六カ月から十二カ月まで

大人がきちんと暮らすことで
赤ちゃんの生活リズムができる。
まずは、親が三食きっちり食べること。
自然に子どもも食べるようになるはずや。

message

赤ちゃんが六カ月を過ぎたら
「大人がきちんと暮らす」。
親がちゃんと暮らしていれば、
しつけに言葉はいらんのです。

赤ちゃんが一才を過ぎたら、しつけをする時期。その準備段階として、生後六カ月を過ぎたころから「盲目の愛情」を少しずつ卒業して、けじめをつけて相手をしてやるといいでしょう。

「けじめをつける」といっても、赤ちゃんにけじめを求めるわけではありません。赤ちゃんを育てている大人が、リズミカルに規則正しい生活を送ってください、という意味なんです。お産直後は授乳時間もバラバラで、お母さんの生活リズムも乱れがち。誕生して半年たったら、気持ちを切り替えて、生活リズムを立て直していきましょう。

子どもの生活リズムを作るために肝心なのは「誰も見ていないところでも、親がきちんと暮らす」ということ。そろそろ離乳食も始まりますから、まずは大人が三食きちんと食べてください。しつけって、言葉ですることではなく、態度で示すこと。しつけっていうより、「感化」って言葉のほうが、しっくりくるかもしれんな。

message

初めての離乳食は
難しく考えすぎないこと。
清潔な指でご飯粒を
つぶして食べさせてもいいんです。

赤ちゃんが乳首を舌であっちにやったりこっちにやったりしはじめたら、離乳食を始めていいサイン。大人が食べている口元をじーっと見たり、よだれが垂れるようになる子もいますね。

「〇日になったら離乳食を始めよう」と、あらかじめ決めるより、「いまなら食べるかな?」と思ったとき、ご飯を清潔な指でつぶして、少しだけ赤ちゃんの舌の上に置いて、食べさせてみては。

「嫌いなものを食べない」という悩みをよく聞きますが、私は「その子が本能的に好きなものをしっかり食べさせなさい」と言います。子どもは下手な栄養士より、自分に必要なものを知っています。最初は好きなものばかり食べていても、長い目で見れば、それが牽引車になって、だんだんほかのものも食べるようになります。お母さん、お父さんが、ケンカしたり、食事に文句言ったりせず、楽しく食事をすることで、赤ちゃんの食事に対する興味が育ちます。

message

子どもが切実に願っていることを
しっかり受け止めてあげること。
ピント外れや中途半端は
何もしないのより、まだ悪いです。

子どもが何か訴えてきたときは、聞き流さず、しっかり聞くこと。それがたとえ、親が聞き入れたくないことであっても、です。同じものでも、見る角度が変わると、全然違う形に見えるでしょう？だから、子どもが訴えてきたときには、子どもと向かい合うんでなしに、子どもと同じ方向を向いて、同じものを見るのが大事。子どもの立場に立って、「あなたの言うことも、もっともやな」と、心から思えなければ、子どもの切実な思いをしっかり受け止めることはできません。中途半端や、ピント外れは、何もしないよりまだ悪いです。「やっぱり自分の思っていることは、お母さんには伝わらん」って、子どもが挫折感、不信感を持ちますから。

子どもの切実な思いがわかったとしても、かなえてやれないことは、当然あるでしょう。それは、そのとき説明してあげればいいこと。頭ごなしに「ダメ」と言うのとは、大違いです。

message

「おはよう、今日は元気か？」って、
毎朝お父さんから
あいさつする家なら
子育てに心配いりません。

「子育てがうまく行くかどうかのカギは、お父さんが握っている」というのが私の持論。お父さんが生き生きとしている、子どもが「お父さん大好き」って言える、そんな家なら、子育ては安泰なんです。「うちのだんなさん、元気ないなぁ」というお母さんは、だんなさんが男気を発揮できる場面を奪っていないか、ちょっと考えてみてください。どんなに時代は変わっても、男と女は歴然と違う。もし家の中にお母さんが二人いたら、子どもは一日中細かい注意をされて、居場所ないです(笑)。お父さんはお父さんらしく。これが子育てでは大事です。

親子関係がうまくいかないという相談を受けると、「毎朝、お父さんから〈おはよう、今日は元気か?〉って、家族一人ひとりにあいさつしてください」とお願いします。このあいさつはお父さんが「自分がこうして働いていられるのは、家族のおかげ」と心底思ってなければできません。だから、このあいさつを続けていたら、いい変化があるんです。

message

「言葉なんて通じない」と
頭から決めてかからず、
伝えたいことは
呪文のように唱え続けること。

子どもに止めてもらいたいことがあるのに「どうせ赤ちゃんには、言ってもわからない」と思い込んでいる人がいますが、それはもったいないです。確かに頭ごなしに言ったら、赤ちゃんでも、もっと大きい子でも、伝わりません。でも「こうだからダメなの」って訳を説いてやったら、子どもでも受け止められるんです。

困ったことがあると相談を受けたとき、私はよく「赤ちゃんに通じても通じなくても、とにかく呪文のように唱えなさい」って、いつも言うんです。「赤ちゃんがお乳をかんで困る」という困りごとには、「お乳をかんだらあかんでー。お母さんが痛いやろ?」という呪文。「トイレでうんちをしない」という困りごとには「うんちはトイレでしなさい。そうしたら、うんちおしりにひっつかんで、気持ちええやろ」という呪文(笑)。

単純に声を掛けるんでなく、「伝わる」と信じて言い続けることや。

message

「他人の子はどうでもいい、
自分の子だけは完璧でいて欲しい」。
そんな思いで子育てしていたら
将来、絶対に行き詰まります。

赤ちゃんに、発達の遅れや障害があることが分かったとき、どうしてもそれを認められず、それを発見してくれた人を逆恨みするケースを、ときどき見かけます。その裏側には「他人の子はどうでも、自分の子どもだけは完璧であって欲しい」という気持ちが隠れているように思います。その気持ちが変わらなければ、子育ては行き詰まります。

親になったら「この子が森羅万象を見るために、神様が私たちにこの子を預けてくれた」と、思って欲しい。そして「自分のところに生まれてきたんだから、何としてでも見守っていこう」と、性根を据えて欲しい。

最初から完璧な人間なんていません。人を恨んだり、子どものありのままを受け入れられない時期があったとしても、将来ちゃんと気がつけば、それでいい。どっちが偉いかどうかなんてありません。親としての紆余曲折が、長いか短いかの違いだけだと、私は思います。

坂本助産所で出産したお母さんの手記

H22．11．5．(金) 14:44　妊娠41週2日　第2子 優杏《ゆうあ》ちゃん出産　**井谷葉子**

今回2人目も迷わず坂本助産所で産みたいと思っていて、幸い検査にもひっかからずに無事産めることがはっきりしてから、安心しきっていました。ただ痛みに対して極度に不安な私は、1人目のときのあの骨盤が割れるような、気絶しそうな痛みを思い出すと、予定日の数日前には、毎日のようにだんなに「怖いんや」と話し、できるだけ考えないよう努めていました。そのおかげか、2人目は9日遅れ（1人目は予定日の12日遅れ）で陣痛が来ました。

そして、陣痛の間隔が少しずつ縮まってきたかなと思い始めると、痛みの記憶が一気によみがえってきて、だんなの腕を、爪痕がつくぐらい強く掴んでいました。助産所に到着してから6時間後には、子宮口は９～10㎝開き、あとひときばりで出そうやと言ってもらってから急に陣痛がパタッと途絶えてしまいました。とにかく「怖い！　痛いの来るわー。無理かもっ」という思いばかりが駆け巡って、心が折れそうになっていました。

坂本先生に「あんたが産もうと思わな赤ちゃん出てこんで。お母さんの不安がこの子にもうつってるんや」とかつを入れられ、何とか気を持ち直して無事出産できました。坂本先生は、「産んで終わりではなく、これから自分自身体力をつけて健康に子育てしていくことが大事なんや」とくり返し話してくれ、今後のことをもっと真剣に考えるようになりました。

第8章

歩くようになったら

一才のお誕生日を迎えたら
さあ、お父さんの出番や。
子どもはお父さんと遊ぶことで
世間に出て行く準備ができるんです。

message

二本の足で歩くようになったら
それが「自立」ということ。
しつけを始める時期です。

二本の足で歩くということは、文字通り「親から自立する」ということ。ただただかわいがればいい時代から、社会の規範を教えなければいけない時期に入ります。しつけとは、子どもに口先で言うことではなく、親が自分自身を律すること。子どもは、親の背を見て育つんです。

まずは、夫婦が尊敬しあい、許し合い、感謝し合い、励まし合う関係になる。近所の人とあいさつをする。「自分の家庭がよければそれでいい」という考えではなく、自分の両親、夫の両親と交流し、仲良くする。形を整えることは誰でもできますが、問題は心。子どもには、真実しか伝わらないからです。そして「世の中の役に立つような子どもに育てよう」という思いを、しっかり持つこと。

そして、何より大切なのは、子どもを一人の人格としてとらまえて、頭ごなしではない言葉をかけることです。

message

一才を過ぎたら、
さぁ、お父さんの出番や。
子どもが十二才になるまで
自分の時間はないものと思ってや。

一才までに必要な愛情は、母と子がぴったりと密着した「癒着の愛情」。子どもが歩くようになったら、「分離の愛情」に切り替えなければ、世間に出ていくことはできません。

お母さんの愛情は、子どもが何才になっても「癒着の愛情」なんです。これは、どんなに意識しても切り替えようがありません。ですから、子どもが一才になったら、お父さんの出番。「分離の愛情」を発揮できるのは、お父さんしかいません。これから先、子どもが十二才の思春期を迎えるまで、お父さんは自分の時間を削って、子どもと遊んでください。それも、お母さんが眉をひそめるような遊びがいい（笑）。そのことが、家庭から世間への橋渡しになります。

お父さんが子育てに無関心な家や、お母さんがお父さんを疎んじている家庭の子は、どんなに勉強ができたとしても、残念ながら世間で通用する人間にはなりません。

message

「こんなふうに育てたい」と
思ってやる子育ては
たいていが失敗する。
これ、断言できます。

お母さんやお父さんには、自分で勉強した体験の中で「こんなふうに子どもを育てたい」「こんな子になって欲しい」という、思いがあることでしょう。けど、その理想に向かって子育てしたら、失敗します。子どもは、親の思い通りにはならないもの。なるようにしかならないものだからです。

親のなすべきことは、自分の理想に子どもを当てはめることではなく、子どもの個性を感じ、それを認めてやること。子どもの行いに、親が乗っていくことなんです。そのためには、子どもとよくよくかかわることが大事です。

「こうしなさい」「ああしなさい」と、子どもの行動にいちいち干渉して、理屈で考えた育て方をしようとすると、子どもは安心して本質を出すことができません。これは、多動な子どもが育つ原因の一つでもあるように思います。

message

歩き始めた子にとって、
母乳は大人でいう「食後のコーヒー」。

助産所に来るお母さんたちは、一年半〜二年くらい母乳を続ける人が多いようです。私は「子どもが歩き出したら、いつ母乳を卒業してもかまわんよ」という考え。赤ちゃんにとって、お乳は、体の栄養でもあり、心の栄養でもあります。でも歩くようになったら食べ物から栄養を摂ってもらわなければいけません。一才過ぎたら、お乳は「心の栄養」がメインになるんです。

歩き始めた子にとって、母乳は、大人でいう「食後のコーヒー」のようなもの。離乳食をしっかり食べているなら、母乳を続けてもかまいません。もしお乳ばかり飲んで離乳食が進まないようだったら、母乳の卒業を考えましょう。ご飯をしっかり食べず、コーヒーばかり飲んでいては、栄養が摂れませんから、「お母さんのお乳、もう栄養ないんや」と、子どもに呪文のように言い聞かせて、母乳を卒業した親子、多いですよ。

message

叱る言葉は、短ければ短いほど、
心の奥に届くんやないでしょうか。

命の危険があることをしたときは、ただちに叱って止めさせなければなりません。でも、子どもが成長するには、冒険も必要です。「あれもダメ」「これもダメ」と、一日中言い続けなくてもいいよう、叱らない環境を整えることは、親の仕事だと思います。

子どもばかりでなく、相手が大人であっても、その人に聞く気がなければ、どんな言葉も届きません。くどくど説教をすると、心を閉ざして、右の耳から左の耳に抜けてしまいます。「叱るときは、言葉を少なく、威厳をもって」と、心がけてください。

筋が通ったことで叱られるなら、子どもも覚悟します。

「ここに座りよし。いいことしたと思うか、悪いことしたと思うか」

「悪いことしたと思う」

「そんなら、もうやらんな。遊んできよし」

私は、こんなふうに叱ってました。

message

真に一流の人を育てようと思ったら、
自然に畏敬の念を持つ人間に
育てることやね。

習い事をさせたり、塾に通わせたり、子どもの教育に熱心な親御さんは多いですが、自然に畏敬の念を持って接する気持ち、自然に恐れおののく気持ちがなければ、本当に一流の人間には育てられないと思います。

日本は「八百万《やおよろず》の神」を信仰してきた国です。身の回りにある木々、草花、川、海、山、大地、足元に転がる小さな石ころにも、みんな神が宿ると考えられてきました。そして、人間自身もまた、自然の一部なんです。自分が宇宙自然の一員であると自覚すること。この感覚をおなかの中にしっかり持っていなかったら、芸術も音楽も、本物にはなりません。

ご飯食べられるのもありがたい、おしっこ出るのもありがたい。自然に畏敬の念を持つということは、自分自身にも感謝するということなんです。

message

「自分が大事にされている」と
子どもが実感するためには
「いま、この瞬間」の
タイミングを逃したらダメ。

子どもって、お母さんが忙しいときに限って、お母さんを求めてくっついてくるでしょう。そんなときは「用事ごとより、子ども優先」にしてください。いま、この瞬間に応えてやらなければ、子どもは納得しません。水仕事中で抱っこできなければ、濡れた手が子どもにくっつかないように工夫しながら、腕だけで「ギューッ」してあげたら、それでガソリン注入完了なんです。これを「さっきはごめんね」と、あとから取り返そうとしても、子どもは納得しません。子どもは三回無視されたら、「お母さんは自分に関心ないんだ」って、失望します。ドラマのいいところを見ていて無視されたら、「自分はドラマより大事じゃないんだ」って思います。

「あなたは大事な存在なのよ」と、言葉でどんなに言い聞かせても、子どもは心底実感することはできません。お母さんが、日々の態度の中で、示すしかないんです。

message

「自分はお母さんの
役に立っている」。
この喜びが子どもの居場所、
本物の幸せを作るんやね。

生まれて二〜三カ月ごろの赤ちゃんは「お母さんにそばにいてもらいたい」と思い、三〜四カ月になると「そばにいるだけでなく、相手をして欲しい」と思うようになります。そして、四カ月を過ぎたころから「お母さんと喜びを共有したい」という気持ちが芽生えてきます。小さいときから、誰かと喜びを分かち合いたいんですね。

脳にとって、幸せには二種類あるんです。欲しいものを手に入れたときは、脳内物質のドーパミンが活発になります。何かいいことをしてジワーッと広がる充足感があると、セロトニンが活発になるんです。セロトニンが出る幸せが、情緒の安定を促すんです。

子どもは、どんなに家族にあやしてもらっても、それだけでは幸せになれません。「私のほうからも、何かしてあげたい」、そう思うのが人間というもの。一才過ぎたら、年齢に見合った「その子の仕事」を与えること。「人間同士の共生」を目指して生活することです。

坂本助産所で出産したお母さんの手記

H22．8．3．(火) 5：21　妊娠40週4日　第1子　空雅《くうが》君出産　**立岩明日香**

できちゃった結婚で20才で初めて妊娠し、21才で出産という、とても素敵な経験をすることができました。妊娠したときはものすごく不安で、本当に自分は母親としてしっかりしていけるのか、子育てができるのか心配する毎日でした。

でも日に日におなかが大きくなって、胎動も感じ、お母さんになるんやなーと実感してきました。臨月に近づくにつれて腰痛もありつらかったけど、「早く会いたい。赤ちゃんも頑張ってるんだ」って思ったら何でも我慢できました。

7月末になっても陣痛が来なかったので少し焦りがあったんですが、坂本先生に「赤ちゃんのペースに合わせたら大丈夫」って言ってもらえて気持ちが楽になりました。

そして8月2日、お昼に破水しはじめ、少しずつ陣痛が。1分間隔になった夜中、激痛が。こんなにも痛いと思わなかったのでびっくりしまたが、神谷先生の「絶対終わりは来るんだよー！」の言葉で気合いが入り、ようやく待ちに待った息子が誕生しました。すごい格好で産んでたみたいでみんなに笑われましたが、いま思い返したら、すっごい体験できたんだなーと。いい先生方についてもらって幸せだなと思っています。ご飯のおばちゃんも、ありがとうございました。自分の母親、だんなにも感謝の気持ちでいっぱいです。

終わりの章

助産師としての人生

助産師になったんは、
私が強く望んだわけではなく
素直に生きていたら、そうなっただけのこと。
それが六十六年も続いているなんて
縁というもんは不思議やなぁ。

坂本助産所の六十六年

私がいま、ここにいるのは、母のおかげ

私、わりに男っぽい子どもだったと思います。男の子にからかわれて泣いている女の子がいると、乗り込んでかばったりするタイプ。小学校には「四身《よつみ》の着物・足袋・わらぞうり」で通っていたものですが、着物の片袖をしょっちゅう破いてましたね。おサルに絣の着物着せて、兵児帯《へこおび》結んだような、そんな子どもが私でした。

家族は五人兄弟で、私は真ん中。兄が二人、妹が二人です。生後すぐ亡くなってしまいましたが、いちばん上といちばん下に、もう一人ずつ子どもが生まれたと聞いています。

父は声を荒げたことのない優しい人で、叱られた記憶はありません。お祭りの日など、よく料理していました。ですから味にはうるさくて、料理のことで母によく文句つけてましたね(笑)。母は私ら子どもたちに「お父さんみたいに食事に文句言うたら、さんぼうさん(食べものの神様)の罰当たる」って、口癖のように言っていました。その父は五十四才で、食道癌で亡くなってしまいました。

母は、字は一つも読めないんですけれど、何とはなしに、インスピレーションを

キャッチできる人でした。メモができませんから、何でも自分の頭で覚えているんです。人の話も真剣に聞くし、覚えるべきことは、しっかり記憶していたので、周りから頼られました。兄嫁に「〇〇の種、どこにしまったかね?」と聞かれても、母はすぐ答えられましたね。

それと、自分の体を使うことをいとわない人で、くるくると機嫌よく働いていました。時間を見つけては、地域のお年寄りのところを、よく声をかけて回っていました。肝臓を悪くしたという人がいれば「肝臓が悪いのは、あかんぞう。〈肝心要《かんじんかなめ》〉っていう言葉は、あだでできていないんや」って(笑)。真面目一方ではない、ユーモアのある人で、いつもフンフン歌っているから、母が家の近所まで帰ってくるとすぐわかるんです。

「人間は、こうして生きるんやで」と、母から言葉で教わったことは一度もないけれど、学問の衣を脱ぎ捨てた、真の人間の姿を学び取ったように思います。母は八十九才で老衰で亡くなるまで、元気に生きました。晩年は、血圧が、上が二百四十、下が百二十もあったんですが、血管が丈夫だから脳卒中にならなかったんですね。「若いころ、お日さまに当たって、ウキウキと働いていた人は、血管が丈夫」とお医者さんから聞いて、まさに母はそういう生き方をした人だったと思いました。

私がいま、こんなふうに柔軟に考えられて、心の切り替えが早いのは、母の遺伝だと思います。もし私が、人に言われたことをいつまでも、もんもんと考えるタイプの人間だったら、とっくに病気になって、こんなに長いこと助産師を続けてこられなかったでしょう。

「ほな、行こか」で、助産婦学校へ

十四才から六年間、大阪の歯医者さんに住み込みで働いていて、いまでいう歯科衛生士のような仕事や、受付を手伝っていました。パンツ一枚十四銭、うどん一杯六銭、私の月給は四円でした。お給料が出ると、故郷の清川村にいる妹たちに、大阪で買った都会のお菓子を送るのが楽しみでね。四円でどれだけでも送ってあげられましたから。当時、大阪の裕福な家庭では、地方に住む若い人たちを寄食させ、勉学の援助をしてやるのが当然という気風がありました。その歯医者さんにも、沖縄や韓国から来た書生さん、富山から来たお手伝いの女の子がいました。奥さんは、書生さんや私たちも家族同然に扱ってくれ、外食にも連れて行ってくれました。道頓堀のまむし（うなぎ）屋さんに連れて行ってもらったときは「こんなにおいしいもん、この世にあるんか」と感激でした。

勤め始めて二年後、歯医者さんの奥さんに「看護婦の免許持ってるとええよ」と勧められ、病院が休憩に入る昼~夕方まで学校に通わせてもらうことになりました。学校の制服は紫っぽい銘仙《めいせん》の着物に紺の袴。緒方助産婦教育所の緒方先生は、「助産師は品位を保つべし」という教育方針を持っておられて、礼儀作法や温故流《おんこりゅう》のお花の時間も正課にあったんですよ。

仕事も楽しかったけれど、学校に通えるのはうれしかったですね。一緒に住み込んでいたお手伝いの女の子は学校に行ってませんでしたから、私は日曜日になると張り切って窓を磨いて、「映画に行ってきよし」って、その子を街に送り出したものでした。

看護婦の免許が取れたとき「看護婦には定年があるけど、助産婦は何才までても働ける」という話を聞き、それならと助産婦の資格も取りました。戦争中は、看護婦と助産婦の免許を持っていれば、六カ月で保健婦の免状を出す時代でしたから、次は保健婦の資格も。私、わりにのんきで、誘われると「ほな、行こか」って思う性質《たち》なんです。その資格が、いまだに役立っているんですから不思議です。当時は親が貧乏でも、こんなふうに勉学の援助をしてくれる家がたくさんありました。真面目に頑張っていれば、勉強したい人にはチャンスが与えられる、豊かな時代でしたね。歯医者さんの奥さんは、一生の恩人やと思っています。奥さんは「もう一度、坊木さん（私の旧姓）のサンマ寿司が食べたい」と言って亡くなったと聞いています。だから七月十七日の奥さんの命日には、いまでも欠かさずにサンマ寿司を送るんです。

私が大阪に出てきたのは昭和十四年、太平洋戦争が始まったのは昭和十六年ですが、戦争が始まっても、しばらくはのんびりした市民生活でした。けれど、日ごとに戦争の色が濃くなり、昭和十八年も後半あたりになると、今日一日食べていくものを得るため、みな必死でした。裕福な歯医者さんといえども例外ではありません。空襲を避け、リヤカーに家財道具を積んで、奈良に疎開した時期もあります。空襲のあとは人の焦げるにおいが鼻について、食べ物ものどを通りません。馬や牛の死骸は道に倒れたまま。人の遺体はそのままにしておくのは忍びないということなのか、頭からドラム缶に入れられ、人の足が飛び出たドラム缶が道端にいくつもありました。いつ空襲が来るかわからないので、夜寝るときも、普段着に運動靴を履いたままです。本当に毎日が必死やった。だから私はあのころのことを思えば、どんなことでも耐えられるんです。

当時「銃後の守りは保健婦で」というのがキャッチフレーズでした。保健師の資格を取ると、すぐ「救護要員」という黒革の手帳を持たされ、空襲のときの救護や、結核予防の活動をするように指導されたので、学業を終えても帰郷できず、大阪に留め置かれました。昭和二十年の八月十五日、私は天皇陛下の玉音放送をラジオで聞いた後、ようやくふるさとの清川村に戻ることができたんです。

義母に見初められた縁談

帰郷後は、近くにある上芳養村《かみはやむら》で、高齢の医師の手伝いで、病院の仕事をしました。ほどなくすべての国民が健康保険に加入する「国民皆保険制度」がスタートして、保険の普及をする仕事を頼まれ、国民健康保険の仕事につきました。私の仕事は、「保険に入ると得ですよ、病気やお産のときに安心ですよ」と勧誘する仕事。そのかたわら、出張助産師として、頼まれるとお産も取っていました。最初のお産は、昭和二十年、疎開中のお母さんでしたね。いまも、そのお産のことは覚えています。

あのころ、一人の女性が出産する子どもの数は、四〜五人だったでしょうか。食べ物のない時代で、お産の費用も特に決まったものはありませんでしたから、お坊さんへの「お布施」のような感覚で、それぞれの家でできる「気持ち」を包んでくれました。お金がない家では、同業の助産婦さんなんか、お父さんがサンマやらカツオやらを提げてきて「産婆さん、これで気張ってや」と、頼まれたと聞いています。当時の人にとってお産は「食べて、うんこするようなもの」。別の言葉で言えば、「お産は自然の成り立ちの一つ」と、とらえられていた時代です。ですから、いまほど大変なことではなかったんです。

上芳養村で働いていた時分、若い人らで集まって、侃々諤々、よく討論したもんです。その中に「この人、素敵やな」と思う人もいたけれど、どこかしら過激なところがある人でしたから、結婚したいという気持ちはわかなかった。その人はある日突然、妹に「おれ、死ぬぞ」と宣言して青酸カリを飲み、井戸端で自死しました。理由はわかりません。静かな上芳養村では、それこそ三島由紀夫が自決したときのような衝撃でしたねぇ。

私は、国民健康保険の勧誘、助産婦や保健婦の仕事で、村中を駆けまわっていました。当時の上芳養は、人口が二千七百五十二人、四百九十世帯ほどの村。仕事で何度か坂本の家に行っていたら、義母に気に入られたらしく、長男と結婚して欲しいと、親戚を間に入れて縁談が来ました。その人は私より二才年下で、百八十二センチ、八十キロほどある、大柄な男性。無口な人でしたから、直接言葉を交わしたことはなかったけれど、何度も会っていて、よく顔は知ってました。「大きくて、頼りがいがありそうやなぁ。この人と一緒になったら、穏やかな結婚生活を送れるかな」と思ったものです。身長百四十五センチほどしかない私には、なおさら頼もしく感じられたのかもしれません。

　こうして私らは結婚することになりました。国保の仕事は結婚退職して、上芳養村の婚家で「坂本助産所」を開きました。結婚当時、坂本の家は、義父母、おじいさん、未婚の義弟たちや出戻りの義姉とその子どもなど、十二人家族。お手伝いの人が二人いました。

　義父は厳しい人で、「〇〇に行ってきます」と家を出たら、どのくらいで帰ってくるかを把握していて、ちょっとでも遅くなろうものなら、玄関でこぶしを握り締めて待っているような人でした（怒りに震えていたけれど、殴られることはなかったですよ）。義母は、お嬢さん育ちで、農家に嫁いだのに農業をやらないような人。よく、縁側で座っているので、知らない人からは「坂本さんちには美人のお姉さんがいるんやなぁ」と、言われるほど、若くてきれいでしたねぇ。

　お産のないときは畑仕事をします。もちろん家事も。毎朝五時に起きて、夜は十二時前に寝たことなかったです。起きている間、ちょっとも休む時間はなかったけれど、「かなわんなぁ」という思いはわかなかった。それが当たり前と思っていました。たらいで洗濯して、川ですすぐんですが、家族も多かったし、ろくな石鹸もなかったので、それは大変でした。まだ食卓を囲む習慣がなく、箱膳で一汁一菜の食事。いつもお漬物と、お粥さんです。お米が少ししかありませんから、おいもをいっぱい混ぜた薄いお粥で、すぐおなかがすいてしまうんです。だから、食事は四回。朝の六時、十時、午後は二時、六時です。夜中にお産があっても、昼寝なんてさせてもらえません。若い時分は眠かったねぇ。

そのころの妊婦さんたちは、みなのんきですから、「助産所に健診においで」と待っていても、放っておいたら産気づくまで来てくれません。私は「この集落は○曜日、この集落は○曜日」と、だいたいの曜日を決めて、四週目、四週目で妊婦さんを訪ねて、健診をしていました。予定日がいつとかいう考えもなく「出てくるときは出てくるわ」くらいなもんです。でも、農業をしている人は、体を動かしていましたから、安産でしたね。それに、お姑さんがいる家では「体を冷やしちゃダメ」と厚着させられるし「イカやタコを食べると、骨なしの子が生まれる」とか「火事を見ると、あざのある赤ちゃんが生まれる」など、いろいろ口うるさく言われましたから、自然に妊婦さんは自分を律することができました。そういうことって、いまでは「迷信だ」とばかにされる風潮がありますが、私は昔からの言い伝えを聞くということは、妊娠生活に、大きなプラスだと実感しています。私がここまで無事に助産婦としての仕事を続けてこられたのも、私自身がすごいんではなく、「田舎で助産婦生活をスタートできた」という環境が幸いしたように思います。

当時は心音を計る機械もなく、一人でお産していたので、産婦さんのおなかに耳を当てて、赤ちゃんの心音を確認しながらお産しました。ですから私はいまでも、道端で産気づいた人がいれば、何の道具がなくても赤ちゃんを取り上げることができます。また、「取り上げばあさん」と呼ばれる七人も八人も子どものいる子福者のおばさんたちも駆け付けて、妊婦さんを励ます習慣がありました。お産婆さんや助産婦が資格職業として認められる前は、この「取り上げばあさん」たちが、経験的にお産を支えていたわけです。そのころ私はまだ若く、理論は学校で学んでいても、経験がありません。ですから、お産の現場で「取り上げばあさん」の姿から、いろいろなことを教わりました。そうそう、私の母方の祖母も「取り上げばあさん」だったそうです。

夫との結婚生活

結婚して三年後の二十八才で長男、三十四才で次男を出産しました。厳しい義父母でしたが、私がお産で家を空けるときは「あんたがおらんと、始まらんのやろ」と、子どもを見てくれましたから、その点では安心でした。でも、助けてくれるのはここまで。義母は「雨が降っても洗濯物を入れる気はない」と宣言していましたから、赤ちゃんの沐浴のためにスクーターで駆け付ける途中、雲行きが怪しくなって、慌てて自宅に戻って洗濯物を取り入れるということも、よくありました。お産でいただいたお礼は、すべて家に入れていて、一銭だって自分のために使ったことはありません。家計的には、ずいぶん助けになっていたと思うのですが、義母からは「仕事持ってるお嫁さんで、私は苦労する」って、ずいぶん言われましたね。私ですか？「お義母さんは、こういう人やから」って、思ってました。

夫は銀行員で、正義感のある真面目な人。歴史好きで、よく子どもを連れて、史跡を巡っていました。私、自分がどんなに疲れていても、性生活を拒否したことはないんです。「はいはいどうぞ、はいどうぞ」って感じでね（笑）。そのせいか、夫は銀行の女の子たちに、信頼されていたようです。セックスが満ち足りていると、職場で女の子に触ったりしませんから。毎日お弁当を持って会社に行っていましたが、ゆでた刻み野菜と卵を半々で合わせて焼いた甘い卵焼きが好物で、いつも同じものばかりで恥ずかしいだろうと、別のおかずを入れると「今日はなんで卵焼きを入れなかったんだ」と、がっかりされたものでした。

よく「似た者夫婦」という言葉がありますが、私と夫は、全然似た者夫婦ではないんです（笑）。長男が生まれたとき、夫がカリエスを患って、親子して並んで寝ていた時期がありました。そのとき、親戚のおばさんが「ここで寝ているのもつらいやろ。これから私はお参りに行くから、一緒に連れて行ってあげようか」と声をかけてくれたんです。そのとき夫は、「自分は正義ひと筋、神さんに頭下げんならんような悪いことしていない」と、突っぱねたんです。私、夫がそういう思いを持っていることがショックやった。神さまの前で「絶対正しい」なんてこと、あるんやろかと思って。そのときは何も言えなかったけれど、このことは長い間、私の心に突き刺さっていました。

孫も曾孫も、ここで生まれました

そんなふうにして子育て中も仕事を続けていたものの、いまのお母さんたちのように「仕事と子育ての両立」とか「自分は職業婦人なんだ」いう発想は、全然なかったです。お産のないときは、ごく普通の「農家のおばちゃん」でしたから。助産婦として成功しようとか、お金儲けしようとかいう発想も、まったくありませんでした。ただ、「自分は医療の末端に連なった助産婦なんだ」という誇りや奉仕の精神は、学校を卒業したときから、ずーっと持っていました。「お産があれば、飛んでいくのは当たり前」というのは、産婆気質《さんばかたぎ》とでもいえばいいいんかな。辛抱して、技術を身につけてきたからこそ、お産のとき、さっと手を出すことができる。これは私にとって、技術を身につけた報酬やと思っています。

戦前の日本は、自宅分娩が当たり前でしたが、敗戦後、GHQと一緒に来日した「マチソン女史」という看護婦長さんが、「納戸《なんど》のようなところで産むなんて、日本のお産は不潔だ」とのことで指導をして、病院でのお産が始まりました。戦後は空前のベビーブームで、国立病院の看護師さんは、両手に二人ずつ赤ちゃんをかかえて沐浴室を行ったり来たりしたそうです。お産する人の人数が多く、人手が限られるため、陣痛促進剤もどんどん使われました。

その一方で私は、昔ながらのお産のスタイルで、村中を駆け回っていました。

病院でお産するということがごくごく普通になると、私にも「家の片隅でいいから、坂本さんのところで産ませてくれませんか」と声がかかるようになりました。それならと、自宅を改装して入院施設を作り、昭和五十一年に有床助産所としての届けを出しました。当時私は五十二才。出張分娩より、助産所に来てもらって分娩するほうが、私の体はラクですから、これは助かりましたね。分娩を助産所でするようになったことで、若い助産婦さんが集まるようになったのも、うれしいことでした。助産所で分娩するようになっても、自宅で分娩するのと、基本的なスタイルは同じです。徹底して赤ちゃんの生まれる力を信じ、家族と一緒にお産を乗り越えるという方法は、いまに至るまでずっと続けています。

その時期わが家では、長男の結婚、第一子、第二子の出産という出来事がありました。助産婦同士で「お嫁さんのお産は取らせてもらえない」という話がよく出るのですが、息子のお嫁さんは、当たり前のように私の助産所で出産しました。次男のお嫁さんも、孫のお嫁さんも、みんなここで産みました。お嫁さんたちは、イヤだったのかもしれないけれど、イヤな顔してませんでした(笑)。子どもが生まれてからも、何かというと相談に来ます。私は、息子のお嫁さんだろうと、初めて会ったお母さんだろうとまったく区別なく、聞かれたことには答えるけれど、自分からいろいろ言うことはないです。よけいなことを言わないから、来てくれるんかな。孫や曾孫を取り上げることができたのは、助産婦として幸せなことかもしれません。

「もう助産師をやめようか」一度だけ思いました

平成七年から八年間、(社)日本助産師会和歌山県支部長になり、会議のために二カ月に一度上京するようになりました。お産があるので、長く家を空けることはできませんから、最終の特急で和歌山へ、夜行バスで新宿へ向かい、朝六時に新宿に着きます。会議のあとは、最終の特急に間に合うように新幹線に飛び乗るような生活でした。このとき、全国の助産師とのネットワークができたんです。当時、和歌山で開業助産師をしていた会員は七〜八名、病院の勤務助産師をしていた会員は百二十名ほどでしたが、全員の動向を把握していました。

支部長の仕事やお産で忙しく活動する一方、心の中で「私はこのままずっと、助産師を続けていくのだろうか?」という気持ちがわいてきたことが、七十二才のとき一度だけあります。助産師を続けていく以上、旅行にもどこにも行けませんから。そのとき、赤ちゃんの股関節脱臼や、心の研究者である石田勝正先生が、助産師のために京都で講演会をしてくださいました。「本当に、目の輝くような子を産ませるには、自然分娩よりほかにない」という石田先生のお話を聞き、「そうや、私は助産師や。自分の理想である自然分娩での出産を、一年に一人だけでもええ、取ってあげよう」。そう思い直して、その思いが、いまに続いています。

いま開業している田辺市に助産所を移したのは、平成九年のことです。上芳養村と違い、田辺市は人口が多いですから、お産の件数も増え、田舎ではありえないような経験をしました。臍帯脱出でひやりとしたこと、癒着胎盤が二度続いたお母さんに「三人目は、どうしても自然分娩したい」と依頼され、お引き受けしてからずっと祈るような気持ちで過ごしたこと。お産の経験を重ねるたび、「私は広いところに出てきたなぁ」と、実感しましたね。

人生が一つずつ違うように、ひとの生まれ方は、一人ひとり違います。だから私は、お産をパターン化してとらえたことはありません。初めて会ったお母さんの赤ちゃんが生まれるときも、自分の孫や曾孫が生まれるときも、いつも同じ気持ちです。おなかの赤ちゃんに「特別な赤ちゃん」なんていません。みんな、同じように大切な赤ちゃんなんです。おなかの中は、人間の手の届かない神の領域。赤ちゃんは、神の領域から、自分の力で生まれてくるんです。

私は若いころから「おなかの赤ちゃんの声が聞こえたら、安心なのに」と、思い続けてきました。それが、七十代の半ばくらいになったころからでしょうか、「陣痛こそが、赤ちゃんの声だ」と思えるようになりました。いまでは、「陣痛を忠実に聞いてお産すれば大丈夫なんや」という思いで、赤ちゃんを取り上げています。

五十八年間、ずっと心にわだかまっていたこと

私が八十四才のころ、夫が小脳の病気で

倒れて、介護が必要になりました。あんなに史跡歩きが好きだったのに、テレビの歴史番組を見るくらいしか楽しみがなくなってしまって。

一方私は、夫の介護をしながら、五十八年前、夫がカリエスで倒れたときに言った「自分は神さんに頭下げんならんような悪いことしていない」という言葉が、また胸に刺さってきました。神に畏敬の念を持ち、毎日祈るような気持ちでお産を取っている私には、ほんとうに心に応える言葉でしたから。その上、「私、若いころから草履一つ買ってもらったことない」なんて、いままで思いもしなかったことで、心が煮えくり返って、ムカムカカムカムカしてきて。それまで未解決にしてきたことが、夫の介護をすることで、復活してきたんやろうね。

あまりにも自分の気持ちが御《ぎょ》しがたくて、あるとき夫に「いまでもそういう気持ち、あるんですか?」って、聞いたんです。そうしたら夫は、首が抜けるほど横に振って。「もうこの人を責めたらいかん」、その姿を見て、やっと心の矛を収めることができました。

若い人たちとともに働ける喜び

田辺に助産所を移してから、若い助産師たちや、助産師の卵たちが、学びの場として来てくれることが増えました。学校を卒業したばかりのころ、私は経験豊かな「取り上げばあさん」と一緒にお産することで、理論に経験を積み重ねることができました。六十六年の経験を積み重ねたいま、今度は若い人たちが、私を頼ってくれます。いまの若い助産師は、私が学生のころからしたら、医師になれるような勉強をしています。だから私、彼女たちの言うことは、ちゃんと聞かんとダメやと思っています。

それに、若い人たちのお産には夢がある。「こんな家族っていいいな」「こんな夫婦になりたい」という若い人たちの思いが、産婦さんや家族への対応に無意識に働いて、助産所でのお産が、どんどん豊かなものになっていくんです。これは、私にはできんことやと思います。人間って、年齢や経験が違っても「ともに生きていく」という意味では、みんな一緒です。これは、助産所という場所に限らず、家族でも、企業でも、社会全体でも。

「自分が存在することによって、誰かの役に立っている」ということは、人間にとって、いちばんの喜びじゃないでしょうか。私が長いことやってきたのは人さんのおかげ。人さんのおかげで、八十七才になったいまも、進化、発達させてもらってるんです。感謝、感謝やね。

あとがき

三陸沖の地震大津波で被災された多くの方々に、心よりお見舞い申し上げます。今回の出来事は想像を絶するもので、誰もが予期し得なかった天災で初めて画面に映し出された時は、国内のものとは思えず目を疑うばかりでした。また、日を追う度に報道される惨状は言葉もありません。一瞬にして波にのみこまれて命を落とされた方に、夫を、妻を、我が子を亡くされた方に何と慰めてさし上げたらよいのか、八十七年生きながらえて、いくつかの災害にも遭遇いたしましたが、こんなに酷いことは初めてです。

我が子を育てて大きくなり巣立って行く時、親元を遠く離れて行く時、親は心配しますが、私はいつも念じて「守ってあげて」とお願いします。

念力は千里をはしると云われます。目と手の届く範囲は小さいですが、心の念力は届きます。常に念じてあげてと云いつづけています。今、全世界の人々の念力が被災地の方々の上に届けられていることを確信しております。どうか気を落とさず頑張って下さい。生きてさえいれば必ず道は開ける筈です。みんなで手をとり合って今日一日一日を積み上げて行きましょう。

災害で逝く命も生まれ出づる命も命にかわりはない筈です。私達は二億分の一の確立で次世代へ命をつなぐ役目を帯びて此世に存在を許されています。其のひとつひとつの命をうけとめて育てていく使命を帯びています。まっとうに生きる命を産み育てているのですから事は重大です。仇では生きられません。先祖をうやまい、夫兄弟姉妹生きとし生けるものみな仲良く此世を住みよい世の中にしていこうではありませんか。子育ての基本は、半分以上は家庭にあります。私がこの本でみなさんにうったえて参ったことは、この一言につきます。

道を踏み誤らないような子どもを育ててください。夫婦仲良く円満な社会を構築していけば、必ずこの国は立ち直ると信じています。

平成二十三年三月　　坂本フジヱ

1924	大正13	0才	1月13日、坊木信吉、トクの長女として和歌山県に生まれる。7人兄弟の4人目
1930	昭和5	6才	清川尋常小学校に入学
1934	昭和9	10才	栗栖川第一尋常小学校に転校
1935	昭和10	11才	同校卒業、義務教育終了となる
1936	昭和11	12才	おばさんの家で縫物を習ったりして過ごす
1938	昭和13	14才	大阪の歯医者さんで、住み込みで働く
1941	昭和16	17才	働きながら、私立緒方看護婦教育所に入学
1942	昭和17	18才	私立緒方助産婦教育所に入学
1943	昭和18	19才	私立緒方看護婦教育所卒業。看護婦免許取得。父・信吉死去(54才)
1944	昭和19	20才	私立緒方助産婦教育所卒業。助産婦免許取得。大阪市立保健婦学校二部入学
1945	昭和20	21才	同校卒業。終戦後、帰郷。和歌山県上芳養村で高齢の医師の手伝いのかたわら、頼まれるとお産も取るようになる。保健婦免許取得
1946	昭和21	22才	助産婦免許を取得。(和歌山県　第1844号) 上芳養村国保組合就職
1947	昭和22	23才	「坂本助産所」出張助産婦として自宅で開業。お産には自転車で駆け付けていた
1949	昭和24	25才	同組合退職。坂本登と結婚
1951	昭和26	27才	上芳養村国保組合再就職
1952	昭和27	28才	長男・拓(たく)を出産
1953	昭和28	29才	助産婦免許を書換。(厚労省　第34641号)
1954	昭和29	30才	保健婦免許を書換。(厚労省　第6827号)
1957	昭和32	33才	スクーターの免許を取る
1958	昭和33	34才	次男・利郎(としろう)を出産
1961	昭和36	37才	看護婦免許を書換。(厚労省　第127617号)
1965	昭和40	41才	3人目の子どもを流産する

1966	昭和41	42才	丙午でお産が少なかったので、車の免許を取る
1972	昭和47	48才	榎本産婦人科　就職
1974	昭和49	50才	同産婦人科　退職
1976	昭和51	52才	上芳養の坂本助産院に入院分娩施設を作り、後進の指導を始める
1981	昭和56	57才	田辺西牟婁郡助産婦会長に就任
1985	昭和60	61才	義父・清市死去（84才）
1988	昭和63	63才	義母・ツ子（つね）死去（83才）
1990	平成2	65才	ＩＣＭ大会　神戸「助産師からの贈りもの―愛・技・知」出席
1995	平成7	71才	田辺西牟婁郡助産婦会長を退任。（社）日本助産師会和歌山県支部長代行 （社）日本助産師会理事及び和歌山県支部長に就任 和歌山県女性会議、公衆衛生学会、ナースセンター事業等の役員就任
1997	平成9	73才	田辺市委託事業「パパママ教室」「妊婦及び新生児家庭訪問」開始 お産の多い田辺市に「坂本助産所」を移転。厚生労働大臣表彰を受賞
2000	平成12	75才	黄綬褒章（第23291号）を受章
2004	平成16	80才	（社）日本助産師会理事及び和歌山県支部長を退任。副支部長へ 和歌山県女性会議、公衆衛生学会、ナースセンター事業等の役員退任
2006	平成18	81才	第8回ＩＣＭアジア太平洋地域会議　学術集会にて紹介／「助産師」誌にて紹介
2007	平成19	82才	ＮＨＫ和歌山　わかやまＮＥＷＳウェーブ「産後うつを防ぐ」放映
2008	平成20	83才	初曾孫を取り上げる
2009	平成21	84才	ペースメーカーを入れる手術を受ける
2010	平成22	85才	テレビ朝日系列「オーラの泉　スペシャル」放映 「メッセンジャー」誌にて紹介
2011	平成23	86才	ＮＨＫ ＢＳ　新日本風土記スペシャル「縁を結ぶ国にっぽん」放映 ＮＨＫ あさイチ「新春　気になるご縁の話」放映 「福祉のひろば」誌にて紹介

＊2001年に保健師助産師看護師法が改正され、2002年3月より助産婦から助産師へと名称が変更されました。本書では、改正以前のことがらについて、一部「助産婦」とも表記しています。

【参考文献】

『育児の原理～あたたかい心を育てる～』（内藤寿七郎／著　アップリカ育児研究会／刊）
『生きる原点～母なる世界～』（石田勝正／著　愛光出版／刊）
『いのちをつないで～むなかた助産院からのメッセージ～』（賀久はつ／著　海鳥社／刊）

大丈夫やで　～ばあちゃん助産師《せんせい》のお産と育児のはなし～

2011年4月25日　第1刷発行
2011年11月22日　第7刷発行

著者／坂本フジヱ
取材・原稿／尼崎道代
装丁／monostore
カバー撮影／清永安雄
本文撮影／清永安雄・尼崎道代
協力／神谷和世
スペシャルサンクス／坂本助産所で取材にご協力いただいたお母さん、お父さん、赤ちゃん
発行／株式会社産業編集センター
〒113-0021 東京都文京区本駒込2-28-8 文京グリーンコート17階
電話　03-5395-6133
FAX　03-5395-5320
印刷・製本／大日本印刷株式会社